JN195056

初等社会科教育研究

中平一義　茨木智志　志村 喬 編著

風間書房

この本を手に取った皆さんへ

　この本を手に取った皆さんの多くは小学校の先生になりたいと考えている人でしょう。小学校の先生は，中学校や高等学校と違い基本的には全ての教科を担当しますから，皆さんの中には「社会科は，得意でないのだけれど…」といった人もいるでしょう。でも，子ども達のために「善い社会科の授業をしたい！」と考えていることは，共通していると思います。この本は，皆さんと同じ願いを常に持ち実践してきた教師らで執筆しました。「善い社会科の授業をする」のは難しいことです。私たちもその難しさを日々感じながら実践しています。この本は，そんな私たちの取り組みをもとに，小学校の社会科授業とは何であり，どのように創るのかを少しでも分かり易く伝えることを目指して，次のような構成をとりました。

　第1章から第4章は，社会科という教科の目的・理念や歴史など，社会科を担当するうえで基礎となる理論的内容を解説しました。第5章から第7章は，基礎となる理論的内容をふまえて社会科の授業を構想し実践するまでの過程を，学習の過程や活動，学習指導要領の理解（読み解き方）と指導案の作成といった側面から解説しました。第8章以降では，学年別に単元を取り上げ授業の構想から実践までを具体的に解説し，最後の15章では評価について解説しました。また，小学校で優れた授業実践と研究を続けてきた教師によるコラム記事や授業実践報告などを掲載し，小学校の社会科授業実践の様子が具体的に伝わるように工夫しました。このような構成と工夫からなるこの本は，小学校の先生を目指す人だけではなく，今教壇に立っている人，さらには社会科教育に関心を持っている人にも役立つと考えています。

　この本が，皆さんの社会科の授業実践に資することを願っています。

編者一同

目　　次

この本を手に取った皆さんへ

※本書の内容は，2017（平成29）年告示の小学校学習指導要領に即しています。
　本書では，2017年版と表記しています。なお，他年版も同様です。

第1章　社会科の教科教育原理
―目標や理念―

―本章の概要―

　社会科はどのような教育を目指しているのでしょうか。どのような個人を育成することを目指しているのでしょうか。そして，小学校で子どもたちに社会科を教えるということは，どのような意味や意義があるのでしょうか。

　本章では，社会科とは何かについて考えていきたいと思います。はじめに，社会科が誕生した際に大きく期待され要請された内容について確認します。次に，社会科の目標や育成を目指す子ども像について，学習指導要領をもとにして考えていきます。最後に，その子ども像について，現在の社会では何が求められているのかを考えていきます。

1　社会科は何を教え，育てるのか

1.1　社会を学び，社会を創る

　社会科では，子どもたちがさまざまな視点から社会を学習します。そのような学習により，子ども自身がこれまでに何が起きて現在の社会が成り立っているのか，現在の社会の様子やしくみはいかなるものであるのか，そこでは何が大切にされていて，どのような課題があるのかなどを考えられるようにします。さらに，将来はどのような社会を形成していけばよいのか，何を大切にしていけばよいのかを考えられるようにすることも目指されています。

　戦後，民主的な国家づくりの要として社会科は誕生しました。1947（昭和22）年に当時の文部省が示したはじめての学習指導要領社会科編（Ⅰ）（試案）では，新教科である社会科について，次のように記されていました。

> 「今度新しく設けられた社会科の任務は，青少年に社会生活を理解させ，その進展に力を致す態度や能力を養成することである。そして，そのために青少年の社会的経験を，今までよりも，もっと豊かにもっと深いものに発展させて行こうとすることがたいせつなのである。」

　このように，子どもがこれからの社会を形成できるような態度や能力を育てる役割が期待され要請されて社会科が発足したのです。

　そこでは，どのようにして教育を行うことが考えられていたのでしょうか。再び，1947年版を参照します。

> 「社会生活がいかなるものかを理解させ，これに参与し，その進展に貢献する能力態度を養うということは，そもそも教育全体の仕事であり，従来も修身・公民・地理・歴史・実業等の科目は，直接この仕事にたずさわって来たのである。けれども，それらの科目は，青少年の社会的経験そのものを発展させることに重点をおかないで，ともすれば倫理学・法律学・経済学・地理学・歴史学等の知識を青少年にのみこませることにきゅうきゅうとしてしまったのである。したがってこれらの科目によって，生徒は社会生活に関する各種の知識を得たけれども，それがひとつに統一されて，実際生活に働くことがなかったのである。いいかえれば，青少年の社会的経験の自然な発達を促進することができなかったのである。社会科はいわゆる学問の系統によらず，青少年の現実生活の問題を中心として，青少年の社会的経験を広め，また深めようとするものである。」

　このように，学問の成果としての知識を獲得させるだけでなく，それを子どもが自らの内面で捉えなおすことにより，実際の社会生活の場面において生きてはたらくものにすることが必要であると述べられています。このような考え方は，基本的に現在の社会科においても引き継がれています。では，社会科が対象とする社会とは何でしょうか。

1.2　社会科が対象とする社会

　社会という枠組みは，さまざまな場面で使われています。例えば，市民社会，情報化社会，少子・高齢社会，格差社会など，ここですべてを示すこと

ができないほど多くの場面で使われています。

　現在の社会は，先人から受け継いだ経験や英知の結晶として存在しています。生産技術や経済の発展などにより，社会そのもののしくみや制度が変化してきました。そして，これからも変化していくことが考えられます。つまり，常に未完成の社会，変化し続ける社会を受け継ぎ，これまでに大切にされてきたことを現在の社会の変化をふまえて再確認・再構築し，そして将来へと引き継いで行くのです。社会科を教育で行う目的のひとつには，そのプロセスを担う役割があるのです。社会科は，過去から学び将来の社会を形成できる個人の育成を担っているのです。

　さまざまな社会が存在する中で，子どもたちは社会そのものを意識化するかしないかに関わらず生活をしています。例えば，子どもがスーパーマーケットやコンビニエンスストアで商品を購入する際には，金銭や商品を媒介とした経済社会の中で生活していることになります。

　また，子ども自身にも，子ども固有の社会があります。例えば，学校は子どもにとって家族以外のたくさんの他者と関わることができる社会です。近所で生活する子どもたちにより形成される登下校のグループ，学年や学級，クラブ活動なども小さな社会です。このように子どもたちは，それぞれが社会の中で生活しています。子どもたちはその中で，日々，様々な選択や判断をして生活をしています。時には，他者と考え方や意見が異なったりすることもあるでしょう。その際に，対立する当事者間で話し合ったり，他人と異なる自分の判断について考え続けたりすることがあるでしょう。このように，子どもたちは自分たちの社会をもち，その中で日々，他者と生活しているのです。そこで，対立に直面し，それを解決したり，自分自身の中で考え続けたりするような拮抗関係の中で生活をしているのです。

　では，教師が教えたい社会と，子どもが生活する社会の結節点はどこにあるのでしょうか。教師が「世の中のしくみ」を子どもに対して説いても，子どもがそれを自分の社会との関係の中で理解することができなければ伝わり

ません。そのような教育で教師から教わる社会は，子どもにとって遠くの出来事，自分には関係のない出来事にすぎなくなってしまいます。そこで教師には，子どもが日々直面している対立や拮抗状態をつかみ取り，それらと学問の成果を踏まえて授業を展開して社会を考えさせる必要があるのです。

2　社会科の目標と公民的資質（公民としての資質・能力）

2.1　小学校学習指導要領の目標

それでは，学習指導要領に視点をうつしてみましょう。2008（平成20）年版によれば，小学校社会科の教科の目標は次の通りです。

> 社会生活についての理解を図り，我が国の国土と歴史に対する理解と愛情を育て，国際社会に生きる平和で民主的な国家・社会の形成者として必要な公民的資質の基礎を養う。

ここでは，「国家・社会の形成者として必要な公民的資質の基礎を養う」ことが示されています。これは，以下に記した2006（平成18）年に改訂された教育基本法の第一条で示された教育の目的を社会科の面から述べたものです。

> 教育基本法　第一条
> 教育は，人格の完成を目指し，平和で民主的な国家及び社会の形成者として必要な資質を備えた心身ともに健康な国民の育成を期して行われなければならない。

そこで次に，2017（平成29）年版の小学校社会科の目標を見てみましょう。

> 社会的な見方・考え方を働かせ，課題を追究したり解決したりする活動を通して，グローバル化する国際社会に主体的に生きる平和で民主的な国家及び社会の形成者に必要な公民としての資質・能力の基礎を次の通り育成することを目指す。
> (1)地域や我が国の国土の地理的環境，現代社会の仕組みや働き，地域や我が国の歴史や伝統と文化を通して社会生活について理解するとともに，様々な資料や調査活動を通して情報を適切に調べまとめる技能を身に付けるようにする。
> (2)社会的事象の特色や相互の関連，意味を多角的に考えたり，社会に見られる課

> 　題を把握して，その解決に向けて社会への関わり方を選択・判断したりする力，
> 　考えたことや選択・判断したことを適切に表現する力を養う。
> ⑶社会的事象について，よりよい社会を考え主体的に問題解決しようとする態度
> 　を養うとともに，多角的な思考や理解を通して，地域社会に対する誇りと愛情，
> 　地域社会の一員としての自覚，我が国の国土と歴史に対する愛情，我が国の将
> 　来を担う国民としての自覚，世界の国々の人々と共に生きていくことの大切さ
> 　についての自覚などを養う。

　これまでの学習指導要領に比べて，目標や方法がより詳細に記載されています。ここでは，目標のはじめに書かれている箇所に焦点を絞ります。大きく２つに分けて考えてみます。一方を「社会的な見方・考え方を働かせ，課題を追究したり解決したりする活動を通して」とし，もう一方を「グローバル化する国際社会に主体的に生きる平和で民主的な国家及び社会の形成者に必要な公民としての資質・能力の基礎」として考えていきます。

2.2　「社会的な見方・考え方」とは何か

　まず，目標の前半部分にある「社会的な見方・考え方を働かせ，課題を追究したり解決したりする活動を通して」について考えていきます。なお，小学校社会科の各学年の目標では，「社会的事象の見方・考え方」となっています。「社会的な見方・考え方」について，2017年版の『解説』では，次のように説明されています。

> 　「社会的な見方・考え方」は，小学校社会科，中学校社会科において，社会的事
> 象の意味や意義，特色や相互の関連を考察したり，社会に見られる課題を把握して，
> その解決に向けて構想したりする際の「視点や方法（考え方）」であると考えられ
> る。そして，「社会的な見方・考え方を働かせ」るとは，そうした「視点や方法
> （考え方）」を用いて課題を追究したり解決したりする学び方を表すとともに，これ
> を用いることにより児童生徒の「社会的な見方・考え方」が鍛えられていくことを
> 併せて表現している。

　つまり，社会科で学習する内容に対して，その意味や意義，関係性などを

考える際の視点です。具体的には，小学校の社会科では次のような見方・考え方を活用することが示されています。

> 「社会的事象を，位置や空間的な広がり，時期や時間の経過，事象や人々の相互関係などに着目して捉え，比較・分類したり総合したり，地域の人々や国民の生活と関連付けたりすること」

このような見方・考え方を授業の中で展開するためには，教師が教材や資料を準備する際に，どのような問いを子どもに対して提示するのか，社会的事象に対して子どもはどのような問いを自らたてるのかを意識することが大切です。なお，2017年版の『解説』において問いとは，「調べたり考えたりする事項を示唆し学習の方向を導くもの」とされています。

また，小学校の社会科における「社会的事象の見方・考え方」については，「位置や空間的な広がり，時期や時間の経過，事象や人々の相互関係などに着目して（視点），社会的事象を捉え，比較・分類したり総合したり，地域の人々や国民の生活と関連付けたりすること（方法）」とされています。この「社会的事象の見方・考え方」の授業づくりでの適用については，第5章で具体的に解説します。なお，このような見方・考え方は，小学校から中学校（地理的・歴史的・公民的分野の特質に応じた見方・考え方）の学習へと発展するものとされています。

2.3 公民とは何か

次に，目標の後半部分にある「グローバル化する国際社会に主体的に生きる平和で民主的な国家及び社会の形成者に必要な公民としての資質・能力の基礎」について考えていきます。

先ほど示した2008年版において小学校社会科の目標では「国家・社会の形成者として必要な公民的資質」という語句が使用されていました。それに対して，2017年版では「国家及び社会の形成者に必要な公民としての資質・能

力」という記載があります。もちろん，この目標も教育基本法の教育の目的規定を小学校社会科の面から述べています。

　2017年版では，「公民としての資質・能力」が次のように示されています。

　選挙権を有する18歳に求められる「広い視野に立ち，グローバル化する国際社会に主体的に生きる平和で民主的な国家及び社会の有為な形成者に必要な資質・能力」であると考えられる。グローバル化が一層進むことが予測されるこれからの社会において，教育基本法，学校教育法の規定を踏まえ，国家及び社会の形成者として必要な資質・能力を育むことの大切さへの意識をもつことを期待してこのような表現とした。

　そこで，ここでは「公民的資質」と「公民としての資質・能力」を同義として捉え，特にここでの公民の内実について考えていきます。なお，資質・能力については，次章で述べることにします。また，「公民としての資質・能力の基礎」については，「知識及び技能」，「思考力，判断力，表現力等」，「学びに向かう力，人間性等」の3つの柱に沿って整理した上記の2017年版の小学校社会科の目標(1)から(3)までに示す資質・能力の全てが結び付いて育まれるものであるとされています。この3つの柱についても次章で述べることにします。

　社会科の教育研究や実践を行う人により，公民をどのように捉えるのかは分かれます。例えば，公民を国民と同義とする人，公民のもつ政治性を避けるために市民を使用する人，市民も市民運動などの政治的な活動をする主体だからあえて公民を使用する人，公民を国民と市民とする人，最近はグローバル社会なので公民に地球市民という視点を含むことを主張する人など多岐にわたります。

　そこで，目標にある「国家・社会の形成者」に着目し，教育基本法が依拠する日本国憲法を判断の足場において，法的な視点から憲法学者の樋口陽一の論考をもとにして考えていきます。樋口（2006）によれば，人はふたつの側面をもつと言われています。一方は，「主権主体としての国民」であり，

もう一方は，「人権主体としての個人」です。その両者の関係性は，後者が目的であり，前者は目的を達成するための手段と考えることができます。

　前者の国民は文字通りの内実をもつものです。つまり，主権主体として国家の形成に関わることができる有権者であり，国籍保持者を示します。このように，法的な枠組みから捉えると，「主権主体としての国民」とは国の政治の在り方を決定し実行する権力をもつ人であることが言えます。そして，その決定や実行する権力の目的は，一人ひとりがより善く生きることを目指す「人権主体としての個人」が存在するのです。しかし，国家の形成に関わるひとつの方法としての選挙権（被選挙権）をもつ有権者だけで社会が構成されているわけではありません。私たちが生活するこの社会には有権者だけでなく，18歳に満たない国民や，在日外国人など，さまざまな人がともに生活しています。このような社会は国籍等で線引きされるのではなく，誰もがそれぞれにより善く生きることを目指して形成することができる出入り自由の社会です。つまり，さまざまな背景を持つ市民が社会を形成する目的にも「人権主体としての個人」が存在するのです。

　ですから，社会科において育成することを目指す公民とは「国家・社会の形成者」であり，その内実は法的に枠づけられた国家の形成に関わることができる「主権主体として国家を形成する国民」と，誰もが形成し所属することができる社会の形成に関わる「主権主体として社会を形成する市民」に分類されます。さらにそれらの関係性は，国民も市民も一人ひとりがより善く生きることを目指す「人権主体としての個人」を目的としていますから，国家・社会を形成する公民（国民，市民）の役割は，その目的を達成するための手段として捉えることができるのです。ここでの手段というのは，国民と市民の視点から社会の現実を捉え，現状を把握し，より善くするためには何ができるのかを考えられるようにするという意味です。そしてその際の視点は，位置や空間的な広がり（主に地理的な見方・考え方），時期や時間の経過（主に歴史的な見方・考え方），事象や人々の相互関係（主に公民的な見方・考え

方）などといった「見方・考え方」なのです。仮に，公民を国民や市民の一方の側面だけで捉えてしまうと，もう一方の側面を見落としてしまいます。さらに言えば，その枠組みからこぼれ落ちる人（選挙権を持たないものや，社会的弱者など）の存在に気がつくことができなくなってしまいます。私たちが生活する日本や社会には，さまざまな背景をもつ人が存在します。その人の存在に思いをめぐらせることができるような態度や能力を，子どもに育成することが求められるのです。

3　社会科の責任

　本章では，はじめに1947年版をもとにして社会科は戦後の民主的な国家づくりの要として誕生したことを述べました。その翌年に示された補説によれば，「社会科の主要目標を一言でいえば，できるだけりっぱな公民的資質を発展させることであります。」と記されています。社会の変化に伴い，公民的資質（公民としての資質・能力）の内実にも変化が求められてきます。しかし，その根底には，誰もがより善く生きる国家や社会の形成があります。そのような国家や社会を形成できる態度や能力，さらに言えば，より善くの中身を考えることができる子どもの育成が社会科に期待されるとともに責任を担っているのです。

（参考文献）

磯山恭子（2001）：戦後社会科における『公民的資質』論の検討．日本社会科教育学会『社会科教育研究2000年度研究年報』，pp. 54-60.
樋口陽一（2006）：『「日本国憲法」をまっとうに議論するために』みすず書房.
平田嘉三（1983）：『公民』の概念と『公民的資質』．社会科教育研究，49，pp. 1-11.

（中平一義）

第2章　社会科の教科教育構造
―資質・能力の内実―

―本章の概要―

　本章は第1章に続いて，社会科の基本的な考え方について述べていきます。まず，社会科教育の目標にもある公民的資質（公民としての資質・能力）の育成の関係性について本章では，特に資質・能力について小学校の学習指導要領解説社会編をもとにして述べていきます。次に，社会科と特別の教科となった道徳との関係性も考えていきます。

1　資質・能力の内実とその関係性

1.1　資質・能力の内実

　2017年版の『解説』では，子どもが予測困難な社会において未来を切り拓くことができるように，従前の教育と同様に「生きる力」の育成を目指しています。その「生きる力」をより具現化し，教育課程全体を通して育成を目指す資質・能力について，次の3つの柱にまとめ示しました。すなわち，「何を理解しているか，何ができるか。（生きて働く「知識及び技能」の習得）」，「理解していること・できることをどう使うか。（未知の状況にも対応できる「思考力，判断力，表現力等」の育成）」，「どのように社会・世界と関わり，よりよい人生を送るか。（学びを人生や社会に生かそうとする「学びに向かう力，人間性等」の涵養）」です（強調は筆者による）。なお，この資質・能力を育成するために，「主体的・対話的で深い学び」が求められています。この深い学びの鍵は，第1章で述べた見方・考え方を働かせることが重要であるとされています。なお，本書において資質・能力は，従来から広く使われている学力と

同義のものとして述べていきます。

　第1章で示したように，2017年版の小学校社会科の目標は公民としての資質・能力の基礎を育成することが目指されています。そして，そこで育成が目指されている資質・能力は三つの柱の総体として育まれるものであるとされています。

　では，具体的にはどのような構造になっているのか2017年版の『解説』を参照しながら考えていきましょう。

1.2　知識及び技能の習得について

　はじめに，知識及び技能について考えていきます。

　小学校の社会科における知識は，地域や我が国の地理的環境，地域や我が国の歴史や伝統と文化，現代社会の仕組みや働きを通して，社会生活についての総合的な理解を図るためのものであるとされています。具体的に言えば，諸地域の地理的環境や組織的な諸活動の様子などとともに，国土の地理的環境や産業，国民生活との関連，さらには歴史的背景などを含んだ意味を持つ社会生活の中で人々が相互に様々な関わりをもちながら生活を営んでいることの理解を図ります。その理解とともに，自らが社会生活に適応し，国家や社会の発展に貢献しようとする態度を育てることを目指しています。

　小学校の社会科における技能は，社会的事象について調べまとめる技能です。具体的に言えば，地球儀や，統計資料，年表などの各種の基礎的資料を調査したり，それら諸資料を活用して問題解決に必要な社会的事象に関する情報を集めたりする技能です。さらに言えば，集めた情報を社会的事象の見方・考え方に沿って読み取る技能や，まとめる技能などです。

　小学校の社会科で育成を目指す，各学年の知識及び技能に関する目標は次の通りです（表2-1）。

　知識に関する目標は，学年を通して知識を段階的に学習できるように系統化されています。すなわち，第3学年では自分たちの生活している市を中心

表 2-1　各学年の知識及び技能に関する目標

学年		各学年の目標
第3学年	知識	身近な地域や市区町村の地理的環境，地域の安全を守るための諸活動や地域の産業と消費生活の様子，地域の様子の移り変わりについて，人々の生活との関連を踏まえて理解する。
	技能	調査活動，地図帳や各種の具体的資料を通して，必要な情報を調べまとめる技能を身に付ける。
第4学年	知識	自分たちの都道府県の地理的環境の特色，地域の人々の健康と生活環境を支える働きや自然災害から地域の安全を守るための諸活動，地域の伝統と文化や地域の発展に尽くした先人の働きなどについて，人々の生活との関連を踏まえて理解する。
	技能	（第3学年と同様）
第5学年	知識	我が国の国土の地理的環境の特色や産業の現状，社会の情報化と産業の関わりについて，国民生活との関連を踏まえて理解する。
	技能	地図帳や地球儀，統計などの各種の基礎的資料を通して，情報を適切に調べまとめる技能を身に付ける。
第6学年	知識	我が国の政治の考え方と仕組みや働き，国家及び社会の発展に大きな働きをした先人の業績や優れた文化遺産，我が国と関係の深い国の生活やグローバル化する国際社会における我が国の役割について理解する。
	技能	地図帳や地球儀，統計や年表などの各種の基礎的資料を通して，情報を適切に調べまとめる技能を身に付ける。

（2017年版『解説』をもとにして中平作成）

とした学習を，第4学年では自分たちの生活している県を中心とした学習を，第5学年では我が国の国土に生活舞台を広げた学習を行います。そして第6学年では，我が国に関わる知識をより深く学習するように，学習の関連性が考えられています。子どもは自分を中心に，身近な地域，市町村，都道府県，国土，世界へと視点をひろげ，そして現代の社会の構造などを学習することにより視野を広げていきます。

　一方で，技能に関する目標については，社会的事象に関する情報を調べてまとめる技能を，内容に応じて繰り返し身に付けるように示されています。

その技能は，観察や見学，聞き取り調査，地図帳や地球儀，統計資料や年表などを適切に活用する力です。特に，技能については情報リソースの正しさへの視点に留意することが指摘されています。

1.3　思考力，判断力，表現力等について

　次に，思考力，判断力，表現力等について考えていきます。

　まず，思考力と判断力について考えていきます。小学校の社会科における思考力，判断力は，仕事や活動の特色，生産の特色，地理的環境の特色などに表れる社会的事象の特徴や傾向，そこから見いだされるよさや，それらの事象と事象の相互関連や意味を，子ども自身が複数の立場や意見を踏まえて多角的に考える力とされています。例えば，生産・販売する側の工夫と消費者の工夫との関連，関係機関の相互の連携や協力，国会・内閣・裁判所の相互の関連などに表れる特色から思考したり判断したりすることが考えられます。社会的事象の意味は，社会の仕組みや機能などを地域の人々や国民の生活と関連付けることで捉えることができる社会における働き，国民にとっての役割などであるとされています。そしてそれは，さまざまな産業が国民生活に果たす役割，技術発展などによる情報化社会が私たちの生活に及ぼす影響，そしてすべての人の生活の安定と向上を図る政治の働きなどに表されるものです。また，社会的事象の相互関連の中で，様々な課題が生じます。例えば，資源の有効利用，自然災害への対策，伝統や文化の保存や継承，国土の環境保全，産業の持続的な発展，国際平和の構築などです。そのような課題を把握し，よりよい社会の構築のため課題解決に向けて学習したことをもとにして自らの社会への関わり方を選択・判断する力であるともされています。

　では，表現力はどのように考えればよいのでしょうか。表現力とは，自らが考えたことや選択したり判断したりしたことを，そのように考えた根拠や理由を明確にして説明する力です。さらに言えば，社会的事象について調べ

て理解したこと，そして，自らが考えたことや選択・判断したことをもとに他者と議論することができる力などです。そこでは，どのような議論が考えられるのでしょうか。議論については，お互いに自らの根拠にもとづく考えを述べ合い論じ合うことであるとされています。さらにそこでは，お互いの立場や考えの根拠を明確にして討論したりして，社会的事象についての自分の考えを主張できるように養うことが大切であるとされています。

なお，表現力については資料等を用いて作品などにまとめたり図表などに表したり，調べたことや理解したことを言語により表現する力を育成することも併せて考えることとされています。

このような，思考力，判断力，表現力等を育成するためには，単に知識を与え理解させるのではなく，課題を解決するなどの教育を行うなかで知識や技能を活用することが求められます。さらに言えば，子どもが課題を解決する中で自ら新たな問題に気がつき，それを解決していこうとする主体的な学びが展開できることが望ましいです。なお，子どもの発達段階に応じた学習内容の的確な選択も教師に求められています。

小学校の社会科で育成を目指す，各学年の思考力，判断力，表現力等に関する目標は次の通りです（表2-2）。

思考力，判断力については，第3学年及び第4学年では，社会的事象の特

表 2-2　各学年の思考力，判断力，表現力等に関する目標

学年	各学年の目標
第3学年及び第4学年	社会的事象の特色や相互の関連，意味を考える力，社会に見られる課題を把握して，その解決に向けて社会への関わり方を選択・判断する力，考えたことや選択・判断したことを表現する力を養う。
第5学年及び第6学年	社会的事象の特色や相互の関連，意味を多角的に考える力，社会に見られる課題を把握して，その解決に向けて社会への関わり方を選択・判断する力，考えたことや選択・判断したことを説明したり，それらを基に議論したりする力を養う。

（2017年版『解説』をもとにして中平作成）

色や相互関連や意味を考える力を，第5学年及び第6学年では，複数の立場や意見を踏まえて社会的事象の特色や相互関連や意味を多角的に考える力から，それぞれに社会にみられる課題などを把握し，その解決に向けてできることを選択・判断する力の育成が目指されています。一方で表現力については，第3学年及び第4学年では考えたことや選択・判断したことを文章で記述したり図表などに表したことを使って説明したりして表現する力を育成することが目指されているのに対して，第5学年及び第6学年では，考えたことや選択・判断したことを根拠や理由などを明確にして論理的に説明したり，他者の主張につなげ立場や根拠を明確にして議論したりする力の育成が求められています。

1.4　学びに向かう力，人間性等について

　小学校の社会科における，学びに向かう力，人間性等は，よりよい社会を考え主体的に問題解決しようとする態度と，多角的な思考や理解を通して涵養される自覚や愛情などであるとされています。

　前者は，主体的に学習の問題を解決しようとする態度や，よりよい社会を考え学習したことを社会生活に生かそうとする態度などです。後者は，各学年の内容に応じて涵養される地域社会に対する誇りと愛情や，地域社会の一員としての自覚，我が国の国土と歴史に対する愛情や将来を担う国民としての自覚，さらにグローバル社会で活躍できるように世界の国々の人々と共に生きていくことの大切さについての自覚などです。なお，愛情の示し方は子どもにより自由であり，これまでに学習した知識や技能，そして思考力，判断力，表現力等により形成され，そして発展していくものです。

　なお社会科の中で，ある特定の態度の育成を行う教育は，教育基本法の規定（例えば第14条の政治教育や，第15条の宗教教育の規定など）からも行うことはできません。ただし，態度に関わる価値の教育ができないというわけではありません。今の社会ではどのような価値が大切にされているのか，その価値

をこれからも大切にしていくのかを考えるには，これまでに社会がどのように形成されてきたのか，何が大切な価値とされてきたのかを学習する活動が必要になります。そのような意味でも，社会科は知識及び技能，思考力，判断力，表現力等，そして態度の統一的な資質・能力の育成が求められます。つまり，社会認識と公民的資質（公民としての資質・能力）の教育は分かちがたいものなのです。

　小学校の社会科で育成を目指す，各学年の学びに向かう力，人間性等に関する目標は次の通りです（表2-3）。

　小学校の社会科では，身近な地域に関する学習から知識及び技能，思考力，判断力，表現力等，そして学びに向かう力，人間性等の態度の育成に関する教育を，子どもの発達段階や認識の成長過程を踏まえて展開することができる力量が求められています。第1章の社会科の教科教育原理で述べたように，教材研究を継続し学び続けることができる教師を目指しましょう。

表2-3　各学年の学びに向かう力，人間性等に関する目標

学年	各学年の目標
第3学年及び第4学年	社会的事象について，主体的に学習の問題を解決しようとする態度や，よりよい社会を考え学習したことを社会生活に生かそうとする態度を養う。思考や理解を通して，地域社会に対する誇りと愛情，地域社会の一員としての自覚を養う。
第5学年	社会的事象について，主体的に学習の問題を解決しようとする態度や，よりよい社会を考え学習したことを社会生活に生かそうとする態度を養う。多角的な思考や理解を通して，我が国の国土に対する愛情，我が国の産業の発展を願い我が国の将来を担う国民としての自覚を養う。
第6学年	社会的事象について，主体的に学習の問題を解決しようとする態度や，よりよい社会を考え学習したことを社会生活に生かそうとする態度を養う。多角的な思考や理解を通して，我が国の歴史や伝統を大切にして国を愛する心情，我が国の将来を担う国民としての自覚や平和を願う日本人として世界の国々の人々と共に生きることの大切さについての自覚を養う。

（2017年版『解説』をもとにして中平作成）

2　社会科と道徳

　本章の最後に，社会科と道徳の関係について考えていきます。

　戦後，道徳教育は社会科を中心に教育活動全体で行われてきましたが，1958（昭和33）年版学習指導要領の総則において，特に時間を設けて行われるようになりました。その後，2008（平成20）年版社会科の『解説』では，「第1章総則の第1の2及び第3章道徳の第1に示す道徳教育の目標に基づき，道徳の時間などとの関連を考慮しながら，第3章道徳の第2に示す内容について，社会科の特質に応じて適切な指導をすること。」が新たに加えられました。さらにそこでは，「道徳教育の要としての道徳の時間の指導との関連を考慮する必要がある。社会科で扱った内容や教材の中で適切なものを，道徳の時間に活用することが効果的な場合もある。また，道徳の時間で取り上げたことに関係のある内容や教材を社会科で扱う場合には，道徳の時間における指導の成果を生かすように工夫することも考えられる。」と社会科の内容との関連について言及されました。2014年2月に文部科学大臣から中央教育審議会に対して，道徳教育の充実を図る観点からその目標や内容，指導方法等に関して諮問されました。その後，同年10月に「道徳教育に係る教育課程の改善等について」の答申がされました。この答申を経て，2015年3月に学校教育法施行規則が改正され，従来の「道徳」が「特別の教科である道徳」となりました。

　2017（平成29）年版道徳編の『解説』によれば，「「特定の価値観を押し付けたり，主体性をもたず言われるままに行動するよう指導したりすることは，道徳教育が目指す方向の対極にあるものと言わなければならない」，「多様な価値観の，時に対立がある場合を含めて，誠実にそれらの価値に向き合い，道徳としての問題を考え続ける姿勢こそ道徳教育で養うべき基本的資質である」との答申を踏まえ，発達の段階に応じ，答えが1つではない道徳的な課題を一人一人の児童が自分自身の問題と捉え，向き合う「考える道徳」，「議

論する道徳」へと転換を図るものである。」とされました。

　社会科との関連について，すべてを述べることはできませんが，道徳の内容にある四つの視点のうちの「C 主として集団や社会とのかかわりに関すること」について考えていきましょう。第5学年及び第6学年の内容項目（12）に，「法やきまりの意義を理解した上で進んでそれらを守り，自他の権利を大切にし，義務を果たすこと。」とあります。ここでは，「順法精神」や「公徳心」を育成することが目指されています。一方で，社会科では例えば，第4学年の廃棄物を扱う内容の取扱いでは，「ごみの処理，下水の処理に関わって，ごみの出し方や生活排水の処理，資源の再利用などに関する法やきまりを取り上げるなど，地域の人々の健康な生活や良好な生活環境の維持と向上を図るための法やきまりを扱うようにする。」（下線部は筆者による。）と記されています。もちろん両者は関連性をもち，一方で学習した内容をもう一方の考え方として活用することもできます。

　しかし，社会科には固有の内容があります。例えば，社会科における「法やきまり」の意義の学習では，「その地域の特性」，「その地域では過去にどのような出来事があったのか」，「その地域の生活する人の実態」を踏まえて判断します。つまり，「法やきまり」を守ることの意義だけでなく，なぜその「法やきまり」が存在するのかを考えるというところに固有の意味があります。さらに言えば，今の「法やきまり」を踏まえて，これからの「法やきまり」を考えていくことができるような公民としての資質・能力を育成することも目指しています。よって，社会科は「法やきまり」に関わる内容の原理的な意義を考え続けることができる教科であることが道徳との違いとして考えられます。

（中平一義）

第3章 社会科教育の歴史（1）
―社会科の成立までと初期社会科―

―本章の概要―

　第3章と第4章では，社会科教育の歴史を学びます。第3章では社会に関わる教科目の持つ歴史的な性格を押さえたうえで，日本で社会科という教科がどのように成立したのか，開始された時期の初期社会科とはどのような教育を目指していたのかを説明します。社会科とは何かを，その歴史の中から読み取ってください。

1　近代国家と社会系教科

　日本で社会科教育が始まったのは，戦後の1947（昭和22）年からです。戦前に社会科教育はありませんでした。ただし地理や歴史，道徳・公民などの教科目（これを社会系教科と呼んでおきます）は，明治の初めからありました。ここでは視野を広げて，まず世界の教育の流れの中から見ていくこととします。

1．1　世界における近代国家と国民教育

　現在，世界の至るところで，国家の制度のもとで国民であるすべての子どもが学校という機関で学んでいます。このような教育を公教育や国民教育と言いますが，これは近代国家の成立から始まったものです。近代国家の起源は1789年に始まるフランス革命に求められます。ここから国民を主権者とする近代的な国家が始まり，世界に広がっていきます。近代国家の原理は，デモクラシーとナショナリズムです。国民（市民）の自由・平等や人権を重視

するとともに，国家の一員であるべき国民のまとまりを重視しました。この意味で近代国家は国民国家という性格も持ち合わせています。

　近代国家は公教育を整備していきました。近代国家として先行していたフランス，イギリス，アメリカ合衆国などでは19世紀になると身分や階層をこえて一般庶民を含めたすべての国民を対象とした学校制度が作られていきます。特に初等教育の義務制や無償制を目指し，中等教育の拡大が図られました。

1.2　社会系教科の性格と新教育の主張

　学校教育にはデモクラシーに基づく庶民からの教育の要求とともに，ナショナリズムに基づく国家からの教育の要求が存在しました。国家からの要求の基本は，国家への帰属意識や一体感を持った国民を養成することでした。学校では，国語や算数などの授業に加えて，地理，歴史，道徳・公民などの社会系教科の授業も実施され，ここにナショナリズムの教育の側面が強く反映する傾向がありました。社会系教科や社会科の教育におけるデモクラシーとナショナリズムとの間の緊張関係は，世界各国で現在においても継続しています。

　一方で，19世紀末から20世紀初めの時期になると，世界各地で教育改革の運動が盛んになりました。学校は教師が画一化した内容を大勢の子どもに一斉教授により授業をおこない，子どもに知識を教え込むことだけを目指していると批判されました。そこで子どもの個性や自主性，活動を重んじた児童中心の教育の主張や実践が進められました。これを新教育運動と言います。

2　戦前の日本における社会系教科

2.1　日本の近代化と国民教育

　日本は1868（明治元）年の明治維新後に，欧米先進諸国を模範とした近代国家の建設を本格化しました。教育については，江戸時代にも藩校，寺子屋

（手習い塾），私塾のような学校はありましたが，近代的な学校とは性格を異にしていました。1872（明治5）年の学制が近代公教育の始まりとなります。ただし，性急に過ぎた面があり，いく度かの制度改正を経て，4年間の義務教育としての小学校が確立しました（1886年，小学校令）。その後，義務教育の授業料無償（1900年），6年間への義務教育年限延長（1907年）が実現され，その間に就学率も9割を超えるようになりました。なお，戦前の小学校は6年の尋常科の上に，2〜3年の高等科を併設しているのが普通でした。

　最初の教科書は文部省（1871年設置）が書きましたが，基本的に教科書は自由に発行されていました。次第に規制が加えられて検定教科書となり，1903（明治36）年には小学校の主な教科は国定教科書となって翌年から使用されました。国定教科書とは国家（文部省）が著作し発行する教科書です。

2.2　近代日本の社会系教科の教育

　以上のような流れに従って地理や歴史，修身（道徳）にはナショナリズムの要素が強く反映するようになりました。近代の日本の場合，ナショナリズムの根本に天皇制をすえて教育を含めた社会全体に及ぼすように政府は進めていきました。教育でそれを象徴するのが1890（明治23）年の「教育勅語」（「教育ニ関スル勅語」）でした。「教育勅語」は神聖なものとされ，特に社会系教科の内容は「教育勅語」の精神に則ることが求められました。例えば，第5学年の歴史教科書（1909年発行）は，「天照大神は天皇陛下の遠き御先祖なり」という文で始められています。このような神話を歴史として教えることは，1945（昭和20）年の日本の敗戦まで続きました。

2.3　近代日本での教育運動と教育の戦時体制化

　前節で，世界各地で進められた新教育運動について紹介しました。日本でも戦後の社会科につながるような動きがありました。特に「大正デモクラシー」の風潮を背景に，私立小学校や師範学校附属小学校の中には子どもの生

活や個性を重視した実験教育（新教育）が展開されたり，中等段階の学校に「公民科」が設置されて政治・経済・社会の生活に関わる授業が進められたりしました。また，子どもの作文を通して生活の現実の認識につなげていく生活綴方運動，子どもの生まれ育った郷土を教育的に捉え直していく郷土教育運動なども実践されました。これらは戦後の社会科につながるものと評価されています。

> 例えば，新潟県上越地域では1899（明治32）年に開校した新潟県第二師範学校（後の新潟県高田師範学校）が中心になって郷土の教育が盛んになりました。1930年代には附属小学校や地域の教育の研究会が，副読本の『高田読本』（1937〜1938年）をはじめ郷土や郷土教育に関する多くの書籍を発行しました。

しかし，満州事変（1931年），日中戦争（1937年〜），太平洋戦争（1941年〜）と戦争が拡大していくと学校も戦時体制に組み込まれ，様々な教育運動は衰退したり変質したりしていくことになりました。また，小学校は戦争中の1941（昭和16）年に国民学校と改称され，「皇国民の錬成」の場とされました。

3　戦後教育改革と社会科の設置

3.1　敗戦と社会系教科

1945（昭和20）年8月15日に日本は敗戦という形で第2次世界大戦の終結を迎えました。戦争は日本の内外に大きな被害をもたらしました。日本は連合国軍の占領下のもとで戦後改革と呼ばれる大きな変革を経験しました。

教育についても大きな改革が施されました。1947年の教育基本法と学校教育法により，現在に続く教育の理念や制度が定められ，学校制度は6・3・3・4制となりました。義務教育となった小学校（6年）と中学校（3年）は1947年4月に発足しました。教育課程も改められて，その中に新教科であった社会科が含まれました。

では，社会科はどのような意味をもって始められたのでしょうか。話を敗

戦のときに戻します。日本を占領した連合国軍最高司令官総司令部（GHQ/SCAP。GHQ と略称されました）は，日本の政治・社会の中から軍国主義や極端な国家主義の要素を取り除き，民主化を進める政策を実施しました。教育に関わっては GHQ の中の民間教育情報局（CIE）が担当しました。

　戦争は終わりましたが，戦争中の教科書しかありませんでした。1945年度の残りの期間は，教科書の中で都合の悪い内容を墨で塗りつぶして授業で使わせました（墨塗り教科書）。1946年度用には残った内容を新聞用紙に印刷して製本もせずに学校に配布しました（暫定教科書）。

　その一方で，修身・国史・地理については，GHQ は新教科書が完成するまでの授業の停止と教科書の回収を1945年12月に指令しました（「修身，日本歴史及ビ地理停止ニ関スル件」）。国民学校第5 ～ 6 学年用の国史教科書は『くにのあゆみ』（上・下）として1946年9 月に発行されました。『くにのあゆみ』は，神話ではなく，石器時代から歴史の説明を始めていました。

3.2　社会科の設置決定

　1946年3 月にアメリカ合衆国から教育使節団が来日し，今後の日本の教育について報告書を提出しました。ここでは，教育の目的・内容，教育行政から授業方法などに至るまで広く教育全般の再建のあり方を提示していて教育改革に大きな刺激を与えました。

　文部省でも新しい教育の検討を始め，CIE の担当者とともに教育課程の検討を進めました。その結果，新教科の社会科を含めた戦後の新しい教育課程が決定しました。社会科は小学校・中学校・高等学校の12年間に置かれました。社会科設置が決められたのち，1946年10月頃から学習指導要領と教科書の作成が始まりました。小学校社会科の学習指導要領はアメリカ合衆国のバージニア・プランを参考にして急いで執筆され，教科書も順次編集が始まりました。しかし，1947年4 月の新学制発足には準備が間に合わず，社会科のみは2 学期の9 月からの授業開始となりました。社会科は戦後の新しい教

育を象徴する新教科として多くの注目を集めました。

表 3-1　戦後教育改革と初期社会科

1945年8月	日本の敗戦
1945年9月	日本政府「新日本建設ノ教育方針」を発表
1945年10月	GHQ「日本教育制度ニ対スル管理政策」を指令
1945年11月	文部省内に「公民教育刷新委員会」を設置
1945年12月	GHQ「修身，日本歴史及ビ地理停止ニ関スル件」を指令
1946年3月	第1次アメリカ教育使節団が報告書を提出
1946年4月頃〜	文部省とCIEとで新しい教育課程についての検討が始まる
1946年5月〜	文部省「新教育指針」を発表
1946年9月	『くにのあゆみ』（上・下）発行
1946年10月	文部省に社会科の委員会設置
1946年11月	「日本国憲法」公布（1947年5月に施行）
1947年3月	「教育基本法」・「学校教育法」制定
1947年4月	新学制下の小学校・中学校が発足（高等学校は1948年〜，大学は1949年〜）
1947年5月	『学習指導要領社会科編（Ⅰ）（試案）』（小学校）発行【1947年版】
1947年9月	社会科の授業が始まる。
1951年7月	『小学校学習指導要領社会科編（試案）―昭和26年（1951）―』発行【1951年版・第1次改訂】
1951年9月	サンフランシスコ講和条約調印（1952年4月発効）
1952年1月〜	勝田・梅根論争
1952年12月	文相「社会科の改善，特に道徳教育，地理・歴史教育について」を教育課程審議会に諮問
1953年8月	社会科解体に反対する「社会科問題協議会」結成
1955年12月	『小学校学習指導要領社会科編―昭和30年度改訂版―』発行【1955年版・第2次改訂】

4　社会科授業の始まり（初期社会科）

　社会科学習指導要領は，最初の1947年版が発行されてから9回の改訂を経て，2017（平成29）年版（2020年実施）まで10種が存在します（第4章の表4-1

を参照）。その中の1947年版と1951年版の学習指導要領に基づいた社会科を特に「初期社会科」と呼んでいます。本節では，出発点となったこの「初期社会科」がどのようなものであったのかを確認します。

４．１　1947年版の小学校社会科学習指導要領

　社会科は，これまでの地理，歴史，修身などを寄せ集めたものではなく，独自の内容と方法を持った新しい教育でした。1947年版の学習指導要領の冒頭に次のように書かれています。

> 　　今度新しく設けられた社会科の任務は，青少年に社会生活を理解させ，その進展に力を致す態度や能力を養成することである。そして，そのために青少年の社会的経験を，今までよりも，もっと豊かにもっと深いものに発展させて行こうとすることがたいせつなのである。（『学習指導要領社会科編（Ⅰ）（試案）』，1947年）

さらに学習指導について次のように書かれています。

> 　…その学習は青少年の生活における具体的な問題を中心とし，その解決に向かっての諸種の自発的活動を通じて行わなければならない。
> 　青少年は社会生活に関する真実な知識理解を与えられなければならないが，これは自分たちでなんらかの行動をなし，社会との交渉を経験することによってのみ得られるのである。なすことによって学ぶという原則は，社会科においては特に，たいせつである。（同上）

　社会生活に関わる知識・態度・能力を，生活の中の問題解決に向けての経験に基づいた自主的な学習活動を通じて，総合的に学ぶことを目指しています。文中の「なすことによって学ぶ」という言葉に注意して下さい。これを経験主義と言います。また，現実の生活の中から学習する対象を取り上げ，その解決を学習活動の基本としました。これを問題解決学習と言います。

　具体的な内容や活動は，子どもの生活経験と発達段階を考慮して教師が設定すべきとされました。学習指導要領にはいくつかの「問題」の例が提示されました。小学校第1学年から高等学校第1学年までの10の学年について示されていますが，ここでは小学校の一部を紹介します。

1947年版社会科学習指導要領における各学年の「問題」（一部を抜粋）

小学校第2学年（1〜7）

　2．私たちはどうしたら健康で安全でいられるか。

　4．私たちは日常生活に必要ないろいろなものをどういうふうにして作り，どんなにして分配しているか。

　5．日常生活に必要な品物を有効に使うには，私たちはどうすればよいか。

　7．私たちはどうしたら楽しい時間が過ごせるか。

小学校第4学年（1〜9）

　2．私たちの先祖は，どのようにして，いろいろな危険を防いだか。

　5．困難な環境のもとでいろいろな物や施設を使うには，私たちはどうすればよいか。

　6．交通運輸の道すじは，どのようにしてきまるか。

　7．ほかの土地の人と仲よくするには，私たちはどうすればよいか。

小学校第6学年（1〜8）

　4．私たちと私たちの子孫のために，天然資源を保存するためには私たちはどうすればよいか。

　5．上手な物の買い方には，私たちはどんな知識を必要とするか。

　7．時間の余裕を作るには，どのように文明の施設を使えばよいか，またその時間を有効に使うには私たちはどうすればよいか。

　8．世界じゅうの人々が仲よくするには私たちはどうすればよいか。

（『学習指導要領社会科編（I）（試案）』，1947年）

　子どもの経験する生活を中心として，社会を成り立たせている機能をスコープとし，経験領域の拡大（同心円的拡大）をシークエンスとしています。そして各学年の子どもの心理的特性や興味の傾向を説明し，各「問題」での着眼点や効果の判定そして多くの学習活動の例を掲載して，最後に作業単元の具体例を示しました。

4．2　社会科授業実践の始まりと1951年版学習指導要領

　社会科は始まりましたが，社会科を教えたことのある教師はいませんでした。戸惑いとともに模索が始まります。全国の地域や小学校で，特色ある多くの実践が行なわれました。なかでも1949（昭和24）年前後に進められたコア・カリキュラムと呼ばれる社会科を中核（コア）とした教育課程の編成と実践が有名です。「川口プラン」（埼玉県川口市），「桜田プラン」（東京都・桜田小学校），「福沢プラン」（神奈川県・福沢小学校），「奈良プラン」（奈良女子大学附属小学校）などがありました。

　1951（昭和26）年に学習指導要領が改訂されました（1951年版・第1次改訂）。社会科の性格や内容は基本的に1947年版と変わりはありませんが，目標の明確化，指導や評価の観点の提示，道徳教育の位置づけの明示などが含まれました。「初期社会科」を完成させたものと言えます。

　この時期にも全国各地で社会科の授業実践は継続しています。民間の教育団体は社会科のみならず教育全体に大きな役割を果たしていきます。

　　　例えば，新潟県中頸城郡津有村（現在の上越市）の戸野目小学校の江口武正が1954（昭和29）年に実践した「こうちせいり」（耕地整理）は，子どもたちが社会科を通じて地域の克服すべき問題に取り組んでいった実践として知られています（江口武正『村の五年生』，1956年）。江口はその後「上越教師の会」を結成して地域での実践を重ねていきます。1949年頃には「上越社会科教育研究会」（のちの新潟県社会科教育研究会）も活動を始め，『上越を中心とした社会科図集』（1949年）などを発行しています。

　一方で，社会科に対する論争や批判も起こっていました。社会科の本質をめぐっての勝田守一と梅根悟の約1年にわたる論争は社会科の理論を深めたものと評価されています（勝田・梅根論争）。これとは別に批判もありました。活動に学習が偏重しているとして「はいまわる経験主義」と揶揄されることもありました。また，歴史を社会科から独立させるべきという主張も立場を

超えてなされました。

(参考文献)

上田薫編集代表（1974）：『社会科教育史資料』（1～4）東京法令出版.

大森照夫（1973）：『社会科基本用語辞典』明治図書.

片上宗二（1993）：『日本社会科成立史研究』風間書房.

木村博一（2006）：『日本社会科の成立理念とカリキュラム構造』風間書房.

日本社会科教育学会編（2012）：『新版　社会科教育事典』ぎょうせい.

（茨木智志）

第4章　社会科教育の歴史（2）
－1955年以降の社会科の変遷－

―本章の概要―

　第3章と第4章では，社会科教育の歴史を学びます。第3章を受けて，第4章では1955（昭和30）年以降において変化していく社会科の状況を概観していきます。この中で，社会科はどのようなことに取り組んできたのかを説明していきます。社会科教育の歴史から，自分が学んできた社会科はどのようなものであったのか，そして，現在の社会科はどのような位置にあるのかをつかみ取ってください。

1　戦後の社会科教育の流れと学習指導要領の性格

　日本における社会科教育の70余年の流れを見る場合，大きく4つの時期に分けることができます。第一は，第3章で見た初期社会科の時期です。これは学習指導要領でいうと1947年版と1951年版にもとづいた社会科が実施されていた時期になります。第二は1955年版から1977年版の時期，第三は1989年版から2008年版の時期，そして第四は2017年版が実施される2020年度以降の時期となります。

　ここで学習指導要領の性格について確認しておきます。当初は文部省が学習指導についてその要領を解説した著作物の1つでした。1951年版は，中央（文部省）が作成する最後の学習指導要領であり，今後は地方（教育委員会）が作成するものとされていました。それを，文部省のみが作成するように学校教育法施行規則を一部改訂した上で，1958年版から学習指導要領は文部省告示として『官報』に公示されるようになって現在に至ります。これ以後，

表 4-1　社会科学習指導要領の変遷

小学校・中学校の(2)等は週当時数，105等は年間時数。高校の(5)等は標準単位数，二重枠は必修科目。

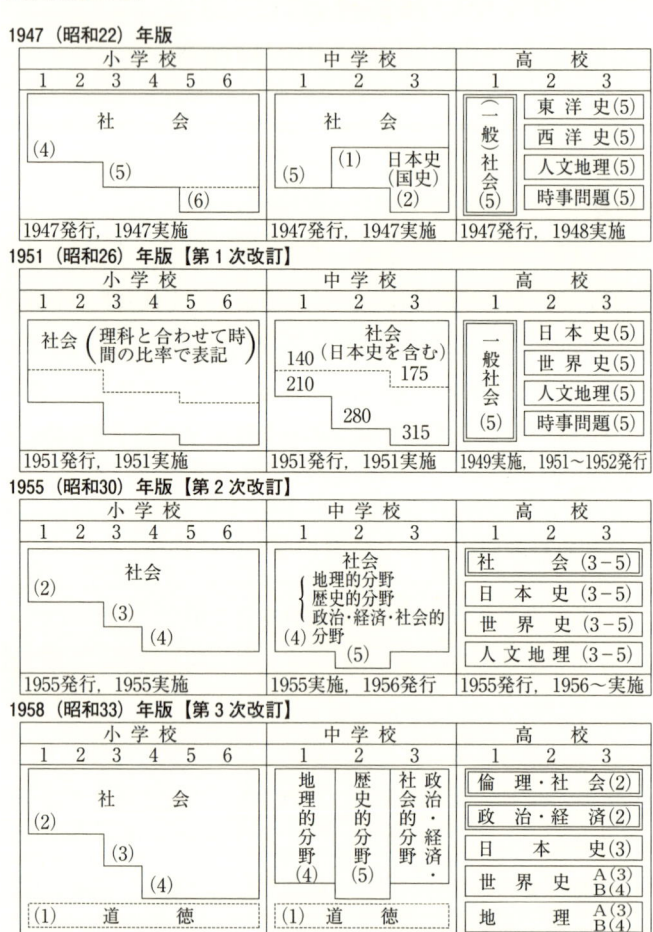

1968（昭和43）年版【第4次改訂】

小　学　校						中　学　校			高　　校		
1	2	3	4	5	6	1	2	3	1	2	3

小学校：社会　68　70　105　140
中学校：地理的分野 140／歴史的分野 175／公民的分野 140
高校：倫理・社会(2)／政治・経済(2)／日本史(3)／世界史(3)／地理 A(3) B(3)

小学校：34　35　道　徳
中学校：35　道　徳

1968告示, 1971実施　　1969告示, 1972実施　　1970告示, 1973〜実施

1977（昭和52）年版【第5次改訂】

小　学　校						中　学　校			高　　校		
1	2	3	4	5	6	1	2	3	1	2	3

小学校：社　会　68　70　105
中学校：地理的分野 140／歴史的分野 140／公民的分野 105
高校：現代社会(4)／日本史(4)／世界史(4)／地理(4)／倫理(2)／政治・経済(2)

小学校：34　35　道　徳
中学校：35　道　徳

1977告示, 1980実施　　1977告示, 1981実施　　1978告示, 1982〜実施

1989（平成元）年版【第6次改訂】

小　学　校						中　学　校			高　　校		
1	2	3	4	5	6	1	2	3	1	2	3

小学校：生活 102 105／社　会 105
中学校：地理的分野 140／歴史的分野 140／公民的分野 70 105
高校：地理歴史　世界史 A(2)B(4)／日本史 A(2)B(4)／地理 A(2)B(4)
公民　現代社会(4)／倫理(2)／政治・経済(2)

小学校：34　35　道　徳
中学校：35　道　徳

1989告示, 1992実施　　1989告示, 1993実施　　1989告示, 1994〜実施

1998（平成10）年版【第7次改訂】

小　学　校						中　学　校			高　　校		
1	2	3	4	5	6	1	2	3	1	2	3

小学校：生活 102 105／社　会 70 90 95
中学校：地理的分野 105／歴史的分野 105／公民的分野 85
高校：地理歴史　世界史 A(2)B(4)／日本史 A(2)B(4)／地理 A(2)B(4)
公民　現代社会(2)／倫理(2)／政治・経済(2)

小学校：34　35　道　徳
中学校：35　道　徳

総合的な学習の時間：105　110／70〜100　70〜105　70〜130／105〜210

1998告示, 2002実施　　1998告示, 2002実施　　1999告示, 2003〜実施

2008（平成20）年版【第8次改訂】

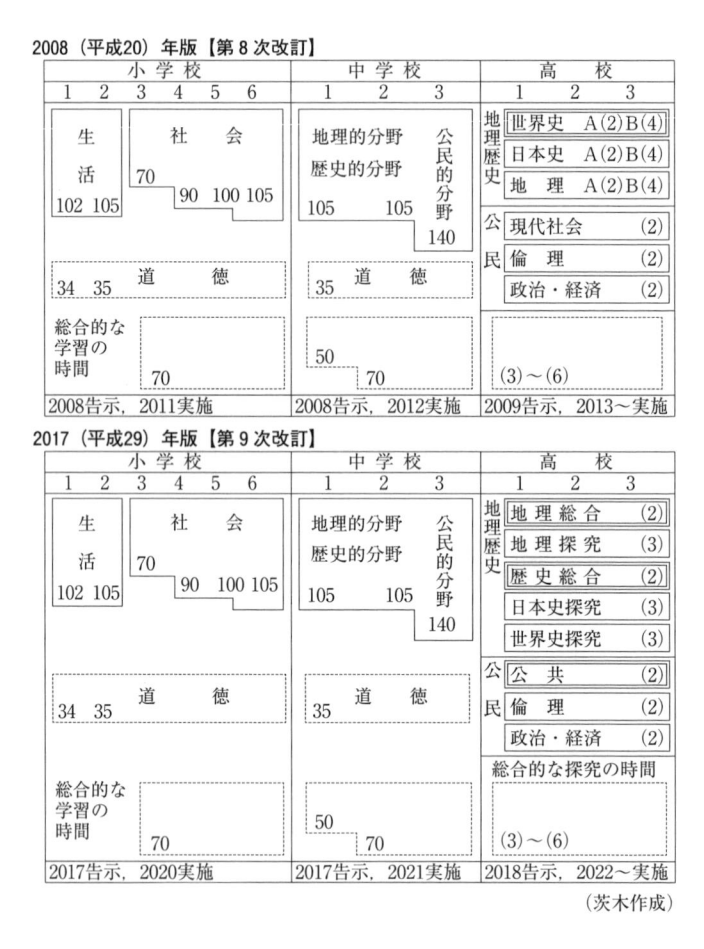

（茨木作成）

文部省（文部科学省）は学習指導要領には「法的拘束力」があると主張するようになりました。また，掲載するものも，全体の内容であったり，最低限の内容であったり，活用すべき能力であったりと変化があります。このように学習指導要領も時期によって性格や記述の意味が異なりますので注意が必要です。

2　1955年版～1977年版の学習指導要領の時期

　この時期には，問題解決学習を基本としていた社会科（初期社会科）が，系統学習に転換していきながらも，後にその修正が図られました。

2.1　1955（昭和30）年版（第2次改訂）と1958（昭和33）年版（第3次改訂）の学習指導要領

　朝鮮戦争の勃発（1950年）のようなアメリカ合衆国・ソビエト連邦の東西対立の激化やサンフランシスコ講和条約の発効（1952年）を背景に，日本政府の文教政策が変わってきました。政府要人からは，社会科を解体して戦前のように地理，歴史，道徳（修身）に戻す主張が出されるようになりました。社会科に関わる教師や研究者の学会・研究会は「社会科問題協議会」を結成して，1953～1955（昭和28～30）年に数次にわたる声明を発表し，社会科解体に反対しました。

　このような議論を経て，1955年版の社会科学習指導要領が発行されます（第2次改訂）。異例なことですが，これは社会科のみの改訂でした。また，それまで付されていた「試案」の文字が外されました。社会科は残りましたが，ここで社会科教育の方向が変わります。それは問題解決学習から系統学習への転換でした。

　そしてわずか3年後に，1958年版学習指導要領が文部省告示として『官報』に公示されました（第3次改訂）。以後，おおむね10年ごとに改訂されるようになります。1958年版の社会科の一番大きな変更点は，社会科から道徳教育を分離したことにあります（領域としての道徳）。これまで道徳教育の要素をも担ってきた社会科は，その役割を低下させることになりました。

　中学校社会科では地理・歴史・公民の3分野（公民は当初は「政治・経済・社会」）が基本となり，高校社会科では「倫理・社会」（のち「倫理」）と「政治・経済」の科目が新設されました。

2.2　教育の現代化と1968（昭和43）年版学習指導要領（第4次改訂）

　1957（昭和32）年のスプートニク・ショックによりアメリカ合衆国で着手された「教育の現代化」は世界各地に広まっていきました。これは教育に現代科学の成果を積極的に取り入れることを目指したものです。J. ブルーナー『教育の過程』（1960年）は大きな影響をもたらしました。学問の概念や原理を子どもに再発見させる「発見学習」などが日本でも取り組まれました。また，進展していた高度経済成長は日本社会に大きな変動を与えていました。1966年の中央教育審議会は工業化社会に対応できる「期待される人間像」を中等教育に対して提示しました。

　1968年版学習指導要領には，このような動向が盛り込まれました（第4次改訂）。小学校社会科では，公民的資質の基礎を養うことを明示して，内容の精選と能力の育成を強調しています。ただ，第6学年の歴史に「神話や伝承」を入れたことは神話教育の復活ではないかと大きな議論となりました。

　社会科授業研究においては，教育の現代化に連動して，学習内容の「構造化」が盛んとなりました。その一方で，変貌する地域社会において，いかに「地域に根ざす社会科教育」を進めるかの実践も各地で取り組まれました。

2.3　教育の人間化と1977（昭和52）年版学習指導要領（第5次改訂）

　1970年代後半になると，行きすぎた能力主義や過密な教育課程の見直しが進められる中で，教育の人間化が主張され，豊かな人間性やゆとりが重視されました。1977年版学習指導要領はこのような背景で作成されました。高校教育の普及を受けて小・中・高を一貫した社会科を基本とし，高等学校第1学年に必修科目「現代社会」4単位（のちに選択科目2単位）を設置しました。ゆとりと充実の観点から，小学校では全体として授業時数を削減し，社会科でも内容の精選や中学校社会科への一部内容の移行を進めるとともに，環境や資源，国際理解の学習の深化を図っています。

2.4　民間教育団体などの活動

　社会科や歴史，地理に関わる民間教育団体（など）のもとで，多くの教師が授業の理論・実践の研究や研修を進めています。全国規模の大きな団体から各地域の団体や各学校に至るまで様々です。その成果は書籍や雑誌，報告書としても発表されています。

　　　例えば，新潟県上越地域では，「新潟県社会科教育研究会」が研究紀要を毎年
　　発行しつつ，数多くの巡検や地域調査の成果を刊行していきました。「上越教師
　　の会」では実践の取り組みを『生産労働を軸にした社会科の授業過程』（川合章
　　共著，1965年）や『地域に根ざす教育と社会科』（1982年）にまとめています。
　　また，特に附属小学校や大手町小学校は戦後教育の出発点から継続して教育研究
　　に取り組み，社会科を含めた多くの成果を発信しています。

3　1989年版～2008年版の学習指導要領の時期

　ここで社会科教育の大きな枠組みが変わります。さらに2020年からは新たな段階に入ります。知識や能力とは何か，政治と教育の関係はどうあるべきか，社会科は何を目指すべきかなど，模索や議論が続いています。

3.1　1989（平成元）年版学習指導要領（第6次改訂）による社会科の枠組み

　1989年版学習指導要領では，単に知識の量ではなく，思考力・判断力・表現力などの資質・能力や自ら学ぶ意欲を重視する「新しい学力観」が強調されました。また，国際社会に生きる日本人の育成とともに日本の伝統と文化が前面に押し出されました。

　1989年版では，小・中・高の社会科教育の枠組みを大きく変更することとなりました。社会科は小学校第1学年から高等学校第3学年までの12年間の教育でした。それを小学校第1・2学年の社会科と理科を統合して「生活

科」とし，高等学校社会科を「地理歴史科」と「公民科」に解体（再編成）しました。その結果，社会科の名称は小学校第3学年から中学校第3学年までのものとなりました。高等学校でも社会科の理念にもとづいた教育が継続されてはいますが，教員免許が分けられた状況は社会科教育の一貫性に課題となっています。

このとき中学校では選択「社会」が置かれ，高等学校では必修科目を「現代社会」から「世界史」に変更しました。小学校社会科では第3学年での消費生活など，第4学年での外国との関わりなど，第5学年での運輸や通信の産業，森林資源などの取扱いが加わっています。第6学年の歴史の学習で42名の人物を例示したのはこれ以後のことです。この人物の選び方や扱い方をめぐって議論が継続しています。

1989年版の背景には，1984年設置の首相直属の臨時教育審議会があり，1989年の告示に至るまで，社会科教育における政治と教育をめぐる多くの激論がありました。

3.2　1998（平成10）年版学習指導要領（第7次改訂）

冷戦終結以後の国際情勢の変化，その中で噴出する日本社会の諸問題や学校をめぐる種々の課題を受けて，教育課程審議会は学校週5日制のもと，「ゆとり」の中での「生きる力」の育成を答申しました。

1998年版学習指導要領では，授業時数の減少にともなって，学習内容の厳選，基礎・基本の徹底を進め，あわせて「総合的な学習の時間」を新設しました。社会科でも各学年での授業時数が削減されました。中学校も含めて社会科教育史の中で授業時数が最も少なくなった時期になります。当然ながら学習内容が厳選され，それと同時に問題解決的な学習，調査活動や資料活用が強調されました。

小学校では2002年に全面実施されましたが，2003年に学習指導要領の一部改訂として発展的な学習の容認がなされました。何を意味するのかというと，

学習内容の大幅削減が学力低下をもたらすという多くの懸念と批判に対して，学習指導要領は最低基準であって，これを超えての学習を教育行政として認めるというものです。このとき「確かな学力」が主張されました。

3．3　2008（平成20）年版学習指導要領（第8次改訂）

　学力低下への批判や2006年の教育基本法改訂などを背景に，2008年版学習指導要領が作成されています。この学習指導要領は小学校では2011年度から2019年度までの実施となります。

　文部科学省は「ゆとり」でも「詰め込み」でもない教育を主張し，「生きる力」とともに，知識や技能，思考力・判断力・表現力，意欲などの幅広い「確かな学力」の育成が必要であると説明しました。社会科については小学校・中学校ともに授業時数を増加しつつ，内容も増やしています。「47都道府県の名称と位置」もこのときに追加されました。「我が国と郷土を愛する」態度や日本の「伝統と文化」も，教育基本法改訂を反映して強調されています。

　また，知識基盤社会に対応して，様々な資質・能力の習得だけではなく，その活用が，子ども自身の探究による学習や充実した言語活動と結びついて，実現するように主張されています。関連して，社会参画の要素が盛り込まれています。一方で，教育内容に対する政府の要求の拡大について懸念する声も聞かれました。

4　社会科の基本とこれからの社会科

　第9次改訂として2017（平成29）年版学習指導要領が出されました。小学校では2020年度からの実施になります。キーワードとしては，「21世紀型能力」や「主体的・対話的で深い学び」が挙げられます。この2017年版についての詳細は，本書の各章で確認してください。

　社会科とは「今ある社会を知り，これからの社会を創る教育」と言われま

す。今ある社会を，時間（歴史）や空間（地理）そして政治・経済・思想な
どの様々な側面（公民）を通じて知るとともに，これからの社会を創造して
いくことができる市民をどのように育てていくかが問われています。敗戦直
後の厳しい環境にあった子どもたちにも，22世紀に向けて生きていく子ども
たちにも，社会科の基本はここにあります。地球全体から子どもの身近な地
域まで，日々変化していく社会の中で，教師が社会をどう捉え，何を目指し
て，子どもたちにどう教えていくかの模索が社会科教育の歴史となります。
これは現在も続いています。

(参考文献)

上田薫編集代表（1974）:『社会科教育史資料（1～4）』東京法令出版.

臼井嘉一監修（2013）:『戦後日本の教育実践』三恵社.

緊急シンポ世話人会編（1986）:『社会科「解体論」批判』明治図書.

日本社会科教育学会編（2014）:『新版社会科教育事典』ぎょうせい.

船山謙次（1964）:『社会科論史』東洋館出版社.

民教連社会科研究委員会編（1983）:『社会科教育実践の歴史　小学校編』あゆみ出版.

歴史教育者協議会編（1991-2014）:『歴史教育・社会科教育年報（1991年版～2014年版）』三省堂.

（茨木智志）

第5章　社会科の学習過程
―社会認識をもたらす「問い」からの出発―

―本章の概要―

　社会科教育の目標は，子どもが「社会認識を形成し，公民的資質を育成する」ことであることをこれまで学びました。では，これらの目標は，授業ではどのように達成されるのでしょうか。本章は，社会認識の内容を整理したうえで，それらの認識を育成する方法の在り方について考えます。

1　社会を認識するとは

1.1　初対面の人を知るための会話

　皆さんは大学の入学式で，初めてお互いに会ったことと思います。では，その時，初めて会った同級生のことを知るために，どんな会話をしたか覚えていますか。

　実は，子どもから成長するにつれて社会との接点が多くなり，初対面の人に会う機会が増えます。そこでは，お互いを知るために相手へ質問し，その会話から相互の理解―やや堅い言葉で言えば相手への認識―を深めていきます。その際に，よく交わされる会話（質問と回答）には，例えば次のようなものがあります。

　①出身地はどちらですか？→回答：新潟県です。

　②何歳ですか？→回答：21歳です。

　③何をされていますか？→回答：会社員です。

　この①②③の会話の内容は，社会科を構成する3つの内容に対応させることができます。①は場所を聞いていますから，地理的内容に対応することは，

直ぐ分かります。②は年齢を聞いていますが，「誕生年は何時ですか？」と言い換えることもできます。回答が21歳ならばあまり意識しませんが，100歳だったり，1867年生まれ等と言われたら歴史と感じるでしょうから，歴史的内容に対応します。③は職業なりの社会的立場を聞いていると言えます。なかなか直接聞けませんが，大胆な子どもは「年収はいくら？」とさらに聞くかもしれませんし，そうなると経済的な問いになります。そもそも職業は社会の中での様々な働き（社会的機能）を分担しているものですから，この③は公民的内容と対応することになります。

このように，①が地理的内容，②が歴史的内容，③が公民的内容と関連付けられるのは，それぞれの会話が地理，歴史，公民の根底に潜んでいる基本的な見方・考え方（事象を捉える際にレンズのように用いる概念枠組み）に根ざしているからです。

地理は，地球表面上に広がる空間的な見方・考え方で事象を先ず認識します。具体的には，それは「どこ？，どんな場所？」といった問いとなります。歴史は，時間的な見方・考え方で事象を先ず認識します。具体的には，それは「いつ？　どんな時代？」といった問いです。公民は，社会という人間集団といった見方・考え方で事象を先ず認識します。具体的には，それは「誰？，どんな集団？」といった問いです。

1.2 社会科らしい「問い」と認識

このように３種類の問いを組み合わせることで，相手をより深く認識することができます。ここで確認したいのは，これら３つの問いは，空間・時間・人間集団という，地理・歴史・公民の基礎にある社会科固有の概念に根ざしていることです。例えば，質問「あなたの髪は美しいですね。どのように髪の手入れをしていますか？」は，社会科の質問と普通は見なされませんが，それは社会科固有の概念に関連していないからです。

では，ここまで挙げた問い以外にも，社会科固有の問いは無いでしょうか。

　社会科の授業では，社会的な課題を扱うことが，しばしばあります。例えば，「学校近くの狭い道路では，人と車の接触事故がよく起こっています。どうしたら解決できるでしょうか？」といった課題を扱う授業です。この課題の前半，「学校近くの狭い道路では，交通事故がよく起こっています。」は，学校周囲で起こっていることなので，地理的認識をもとにした事実の認識と言えます。一方，「どうしたら解決できるでしょうか？」に対しては，「自動車進入禁止とすべきだ。」「人が通行しないようにすべきだ。」といった反応があるでしょう。これは，事実ではなく，扱っている事柄に対する意見です。そこには，自動車と歩行者のどちらに価値を置くかという判断が背景にあり，その判断をもとに「……すべきだ。」との認識が表明されています。このような価値に関する認識も，「人権は大切にすべきだ。」「戦争はするべきではない。」のように社会科にはたくさんあり，価値認識と言われます。

1.3　社会認識の類型─事実認識と価値認識─

　これまでの内容を整理すると，社会科で扱う社会認識は，価値判断を含む価値認識と，価値判断を含まない事実認識に大別されます。さらに事実認識は，地理的認識，歴史的認識，公民的認識に細分され，それぞれの認識の根本には固有の概念（事象への見方・考え方）があります。これらをまとめると表5-1のようになります。

　しかし，価値認識と事実認識は，完全に分離されるものではありません。例えば，「新潟県は，米の生産が多い。」は地理的な事実認識ですが，「新潟県は，美味しい米の生産が多い。」になると，美味しいという価値判断も含まれています。このように事実認識と価値認識が組み合わさった統合的な認識は，コラムにある都道府県についての地理的認識はじめ，歴史・公民的認識にもたくさんあります。だからこそ統合的な教科である社会科があり，統合された社会認識の形成が重要なのです。

表 5-1　社会認識の類型

	類型	定義	例	典型的な「問い」
価値の有無による分類	事実認識	価値を含まない認識	授業は朝8時40分から始まる。	何？
	価値認識	価値を含む認識	授業に遅刻してはいけない。	どうすべき？

	類型	定義	例	典型的な「問い」
事実認識の内容による分類	地理的認識	「空間」等の地理的概念に基づく認識	上越市高田地区は，新潟県の南西部に位置する。	どこ？どんな場所？
	歴史的認識	「時間」等の歴史的概念に基づく認識	城下町高田は，400年ほど前につくられた。	いつ？どんな時代？
	公民的認識	「人間集団」等の公民的概念に基づく認識	未成年の飲酒は禁止されている。	誰？どんな社会？

（志村作成）

column

都道府県の認識実態

桐生貴博

1　日本の都道府県について高校生はどのように認識しているか

　2008年に6都道府県（北海道，青森県，東京都，新潟県，大阪府，沖縄県）の高校生へ，各地の都道府県をどのように認識しているか調査し，修士論文としてまとめ学会誌に発表しました（桐生，2009）。対象とした高校生は，中学校で1989年（平成元年）版による社会科地理学習を受けた学年であり，日本各地の地理学習は取り上げた2～3の都道府県を学習するだけで，日本の8地方区分（7地方区分）に基づいて全ての諸地域（地方）を学ぶ学習（日本地誌学習）は受けていませんでした。そのため当時は，高校生の各都道府県に対する認識の不十分さ，さらには誤ったイメージ形成が危惧されていました。そこで，その実態を実証的に明らかにすることを修士論文のテーマとしました。

　研究方法としては，日本の8地方区分における各地方において，「白地図上で，

どこにあるか？」といった質問で正答率が高い，即ち位置認知度が高い北海道，青森県，新潟県，東京都，大阪府，山口県，香川県，沖縄県の8都道府県を対象としてとりあげ，これら都道府県の認識内容を，冒頭に記した各都道府県で協力が得られた6公立高校の高校生にアンケート調査しました。アンケートでは，事実認識に関わる質問内容（面積，産業産出額，積雪量など）と，価値認識に関わる質問内容（都会的，美しい，親切な）を設け，有効な618人の回答を因子分析しました。その結果，事実認識では，対象8都道府県についての生徒の認識と，各都道府県の事実である面積，農業産出額順位，積雪量等との間には違いがみられました。また，価値認識でも，事実認識と同様な違いが得られました。具体的に言えば，北海道，東京都，大阪府，沖縄県は，事実認識・価値認識とも認識の正確さ・詳しさの水準は高く，明確な認識内容となっていました。一方，青森県，新潟県，山口県の認識内容は曖昧だったのです。ここから明らかになったことは，都道府県に対する事実認識と価値認識とは相互に関連しており，両認識の統合的なものとして各都道府県の認識内容が何らかの観点に基づいたイメージとして形成されているということでした。これを，因子分析の因子を用いて解釈すると，事実認識内容は「都市性・自然環境・歴史文化」の観点で，価値認識は「カントリーサイド（野生の風景）・憧れ・北国」の観点でイメージされており，この2つの観点が各都道府県の認識内容の正確さ・豊かさを大きく規定しているということでした。

2　都道府県によって認識内容が異なる地理教育的背景

　都道府県によって認識内容の正確さ・豊かさが異なる理由を考えてみると，北海道や東京都，大阪府，そして沖縄県が，事実認識でも価値認識でも高い水準にあることは，当時の中学校地理的分野の教科書記述の量と比例しているのではないかと推察されました。前述のように，当時の中学校の地理カリキュラムは，日本の全ての諸地域（地方）を取り上げるものではなく，教科書には特定の都道府県しか掲載されていませんでした。ですから，取り上げられた都道府県は明確に認識される一方，取り上げられていない都道府県は，認識内容が少ない空白的イメージとなったのでしょう。この場合，空白的イメージの都道府県については，TVやインターネット，SNS等の情報が無批判に受容され，ステレオタイプ的認識が形成されることが懸念されます。この懸念は，中学校の日本の諸地域学習に限るものではなく，現在の小学校の社会科学習でも注意すべきであり，授業の工夫が求められるでしょう。

(参考文献)

桐生貴博（2009）：高校生の都道府県に対するイメージの一考察－６都道府県における実態調査を通して－．上越社会研究，24，pp. 21-30.

2　社会認識を深める発問の活用と授業手法

2.1　社会科固有の概念と発問の関係

　表5-1の右端には，「典型的な「問い」」という欄を付けました。例えば，「１限の授業は８時40分から始まる事実を私は知っている。では，その授業を履修している自分は８時35分となった今，どうすべきか？」との問いは，「遅刻してはいけない。」という価値認識を自覚化させ，それに基づいた判断・行動を促します。また，「城下町高田は，昔からあるのか（いつからあるのか）？　どんな時代に造られたのか？」との問いは，「時間」という概念（見方・考え方）に根ざした問いで，この問いを子ども自身が調べたり考えたりしていくことで「城下町高田は，約400年前の江戸時代の初めにつくられた。」との歴史的社会認識にたどり着きます。これは，「城下町高田は，約400年前の江戸時代のはじめにつくられた。」との事実を教師から最初に伝えられた場合の認識とは全く異なる質の認識です。教師から伝えられただけでは単に情報を知っただけの認識でしょう。しかし，自身が問いをもって調べたり・考えたりしてたどり着いた認識は，単なる情報ではなく理解を経た確実な認識です。言い換えれば，思考を経た深い学びからもたらされた知識であり，そこでは情報・資料等を用いる能力を身につけたり活用したりする過程があります。

　ですから，思考を経た深い学びとしての社会認識育成には，問いが大きな役割を果たします。さらに，そこでは情報・資料を主体的に活用したり他者等と対話したりする過程が組み込まれています。以下では，授業における地理的な社会認識育成を事例に，具体的に説明します。

2.2　社会認識の具体的内容─地理的認識の場合─

　地理的認識内容は，しばしば，地名と位置だけ（事象がそこにあるとの認識だけ），と誤解されることがあります。例えば，フランスはドイツの西にある，といった認識だけが地理的認識との捉え方です。確かに，地理的認識は，位置という空間に根ざした概念で事象を認識しますから，「それ（フランス）が，どこにあるか」はとても重要なことです。ですから，必ず地図で位置を確認しながら学習し認識を深めます。しかし，地図でフランスの位置を確認し，それを覚えただけでは，理解に基づく知識にはなりません。いわゆる単なる暗記でしょうし，何よりも子ども自身が学習する楽しみ・充実感もないでしょう。

　かつて，小学生に世界の白地図を渡し，インドやフランスなど10か国を地図帳で調べ国名を記入する授業をしたことがあります。子ども達は，地図帳を自分のペースでめくって回答できるので，大変喜んで主体的に取組みました。その途中で，ある男の子は「地図帳のインドには，象の絵が描いてある。象がいる国なんだね。行ってみたいなー。」とつぶやきました。また，ある女の子は最後に，調べた国に色を塗りはじめました。色も自由に選んだのですが，フランスはピンク，ブラジルは黒といった配色でした。何故その色なのか尋ねたところ，「ブラジルにはコーヒー豆の絵があったから，コーヒーの国と思って黒色。フランスはお洒落な国だと知っているからピンク。」ということでした。

　これら小学生の様子からは，世界の国についての子ども達の地理的認識は，「〇〇国は，××にある」だけではないことが明らかです。「インドは象のいる国」「フランスはお洒落な国」といったその国のイメージ，問いに即せば「その国は，どんな場所？」に応える認識を自分なりに創っていて，それがあるからこそ地理を学ぶ楽しさを感じているといえます。ですから，「地名」と「位置」だけではなく，「どんな場所か」という場所の属性についての豊かなイメージが伴ってこそ，本当の地理的認識と言えるのです。

　そしてこれは，地理だけに限ることではありません。時間に根ざす歴史の場合も同じで，歴史学習では年表を必ず使います。しかし，「出来事○○は，××年に起こった。」だけが歴史学習の成果ではありません。「出来事が起こったのは，どのような時代だったのか？」といった内容，すなわち「どんな時代か？」が，必ず歴史的認識には必要です。公民的認識でも，「どんな社会？」に応える内容が必ずあります。

２．３　社会認識を深める手法－日本の都道府県学習の場合－

　地理的社会認識は，「地名，位置，場所の属性」の３要素－「何が，どこにあり，そこはどんな場所」の３要素－から構成されています。ですから，この３要素を必ず結びつけて学習活動を行う必要があります。具体的には，位置を学ぶためには地図が必須ですから地図（帳）あるいは地球儀を活用した授業になります。地図（帳）・地球儀を活用する方法はいろいろありますが，ここでは日本の都道府県学習を取り上げます。日本の都道府県の位置と名称を身につけることは小学校社会科学習の主要認識目標の１つです。だからといって，日本の白地図に都道府県名をドリル的に記入させ覚えさせるだけでは暗記となり，深い学びにはなりません。何よりも，子ども達は楽しくないでしょう。その理由は，「場所の属性（「そこはどんな場所？」という問いと，その主体的発見としての「ここはこんな場所」との認識）」が欠落した学習活動だからです。ですから，前述の世界の国の事例にならって，地図帳から都道府県の様子を自ら発見させ，色や絵で記入させるだけでも全く違う認識をもたらします。さらに，地図帳の活用技能をより効果的に用いた次のような「子ども自身による都道府県クイズ作問」（小山・田部，2011）も効果的です。

　１）地図帳を開いて，クイズで出す都道府県を決める。

　２）地図帳をみて，出題する都道府県の特徴を５つ読み取り，難しい順に並べる（栃木県の場合：①「いちご」の生産がさかん，②那須烏山がある，③世界遺産がある，④東京から約90km弱離れている，⑤中禅寺湖がある）。

　3）他の子ども達に①から順番に出題する。その際，他の子ども達は，目の前に日本地図を置くとともに手を頭の上に置き，分かった時点で黙って手を下ろし解答都道府県を指さす（身体活動を通して都道府県の位置を解答することになります）。

3　「問い」からはじまる深い社会認識育成を－暗記ではない社会科－

　2017（平成29）年版では，社会科の目標の最初で「社会的事象の見方・考え方を働かせ，学習の問題を追究・解決する活動を通して」学ぶことを求めています。ここでの，「社会的事象の見方・考え方」とは，「社会的事象を，位置や空間的な広がり，時期や時間の経過，事象や人々の相互関係に着目して（視点），社会的事象を捉え，比較・分類したり総合したり，地域の人々や国民の生活と関連付けたりすること（方法）」とされています（2017年版『解説』p.18）。前半の視点は，前述した地理・歴史・公民それぞれの概念（空間・時間・人間集団）に対応していることを，ここまで学んだ皆さんは直ぐ分かるでしょう。一方，後半の方法は，学習活動の在り方を示唆していますが，その要点は問いです。問いから子どもが主体的・対話的に学び，結果として深い社会認識がもたらされる授業－暗記ではない社会科授業－が，これまでになく求められています。

（参考文献）

小山朗子・田部俊充（2016）：新学習指導要領に対応した授業－小学校第4学年「地図たんけん」をしよう－. 田部俊充他編著『大学生のための社会科授業実践ノート－増補版Ⅱ－』風間書房，pp. 83-91.

（志村　喬）

第6章　社会科の学習活動
―体験を活かした探究的学習―

―本章の概要―

　前章では最後に，「問い」からはじまる主体的・対話的な授業が求められていることを述べました。では，社会科での主体的・対話的な学習活動とはどのようなものでしょうか。本章は，社会科の学習活動を整理したうえで，体験を通した学習活動としてフィールドワークを取り上げて解説します。

1　社会科好きにさせる学習活動

1.1　私は何故，社会科が好きになったのか

　皆さんの中には学校で社会科の授業が好きだった人も，嫌いだった人もいるでしょう。そして，それは何故でしょうか？　これを話し合うと，社会科好きにさせる授業のヒントが見えてきます。

　この章を書いている私の場合は，社会科の先生となったのですから，当然ながら社会科が好きな子どもでした。それは，小学校第4学年から第6学年までの担任の先生が社会科の得意な先生で，授業がとても楽しかったからです。それは，私だけではなくほとんどの同級生が同じ気持ちでした。では，どんな授業だったのでしょうか。

　社会科授業のようすを挙げはじめたら切りがないのですが，とても印象深いものに新潟県上越市（当時は高田市）の小学校第4学年の時に受けた単元「高田平野の用水づくり」授業がありますので，これを次に紹介します。この授業は，2017（平成29）年版学習指導要領では第4学年の単元「地域の発展に尽くした先人は，様々な苦心や努力により当時の生活の向上に貢献した

ことを理解すること。」に相当し，今後もこのような内容は第 4 学年で授業
実践が求められています。

1.2　社会科好きにした「高田平野の用水づくり」授業

　この単元は全 9 時間で，実践記録（小林，1976）をもとに単元の概要をま
とめると表 6-1 のようになります。全 9 時間は 4 つの小単元に別れています
が，大きくは事実認識を身に付ける 1 次と，身に付けた事実をもとに問題・
予想をもってそれを解決していく 2 次から 4 次とに大別されます。

　この中で私にとって強く記憶に残っているのは 1 次で行われた用水路の見
学調査と，3 次での予想を吟味していった話し合いです。前者は，教室を飛

表 6-1　単元「高田平野の用水づくり（全 9 時間）」の実践過程

段階	配当時間	段階	学習のねらい	学習形態・活動
1 次	4 時間	事実をみつめる段階	学校の周りにある用水路を見学したり，用水路の掘られた江戸時代の概要（農民の生活など）を確認し，考えるために必要な知識を身につける（認識する）。	校外でのフィールドワーク，地図や本などでの調べ学習
2 次	1 時間	問題をもち予想を立てる段階	「苦しい生活の中，しかも機械もなかった時代に，江戸時代の人々は何故このように大きな用水を造ったのか」との問題をクラスで共有したうえで，各班でその理由を予想する。	各班での話し合いと，結果のクラス全体への発表
3 次	3 時間	予想をもち分析する段階	予想した理由について視点別（地理的視点・歴史的視点等）に分析し，正しいかどうか確かめる。	クラス全体での話し合い
4 次	1 時間	総合し本質を捉える段階	話し合った内容をもとに「高田平野は,生活を向上させたいとする人々の願いと，藩の収入を増やしたい領主の要求によって開発されたのだ」との認識を持つ。	クラス全体での話し合いをふまえた,個々人のまとめ

（小林（1976）をもとに志村作成）

び出した校外での調査活動で，今で言うフィールドワークです。フィールドワークは外へ出るということ自体が子どもには楽しく印象深いものです。この時には，加えて様々な調査活動分担（古老へ質問する係，回答を記録する係などの係分担）があり，各人がクラスの一員として学習に参画している気持ちを強く持つことができたのが大きかったと振り返ります。私の場合は，用水路にある堰をスケッチする係を割り当てられました。絵が下手で図工が嫌いな身でしたので，内心困りましたが，皆で分担しているのだからと一生懸命に細部を観察して描きました。同時に，これらフィールドワークで調べて気づいたこと・分かったことをクラス内で自然に情報交換し合うようになり，もっと調べ知りたいとの雰囲気がクラス内に満ちていきました。いわば，子どもを知らず識らずのうちに，さらに学習したい気持ちにさせていった段階です。ここで，注意しておくことは，この段階が「事実をみつめる段階」と題され，「（この先の学習で）考えるために必要な知識を身に付ける」こと，すなわち認識育成がねらいとされていることです。

　言うまでもありませんが，社会科教育の目標の1つは社会認識の育成です。しかし，この授業は，この認識育成を情報の詰め込みではなく，質問したり聞き取ったりすること，地図をもって歩いたり気づいたことをメモすること等の能力育成と併せて，自然に図っていたのです。暗記や詰め込み，教え込みでなく，子どもが楽しんでいる間に無意識に身に付けさせるという，専門職としての教師ならではの授業です。

　一方，後半は話し合いですが，この話し合いは前半に身に付けた確かな認識があるからこそ成立していきます。例えば，2次である班は「米作りの鍵

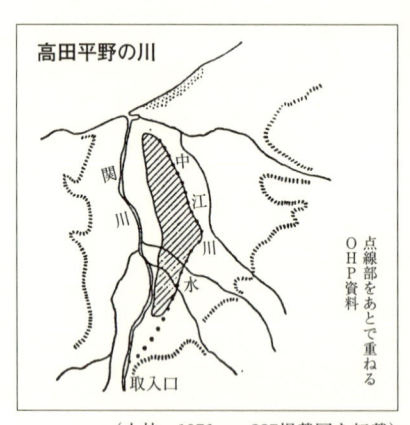

高田平野の川

関川　中江川　水

点線部をあとで重ねるＯＨＰ資料

取入口

（小林，1976，p.227掲載図を転載）

図6-1　川と用水の重ね合わせ

をにぎる水が欲しかった」との予想を出し，3次で追究することになります。その場面では，「水が欲しかったというが，本当に困っていたのだろうか」との批判的思考を最初にします。そして，川があるかないかで，水不足が本当であったのか否かの判断をしようとします。具体的には，地図上で大きな川と用水路の流れ方を重ね合わせ（図6-1），両者があまり重ならないことから「水不足は本当だから，水が欲しかったのだ」と仮説の正しさを確かめます。これは，資料・情報を活用し批判的思考をしながら学習問題を解決していく探究的な学習で，現在であるからこそ強く求められている学習活動です。

2　様々な学習形態・学習活動を組み合わせた探究的学習過程

2.1　学習形態と学習活動

　これまで紹介した授業の中には，様々な指導・学習方法が組み込まれています。それらは，教師側がもっている授業のねらい・内容，身に付けさせたい認識・能力だけではなく，子どもたち自身が身に付けている知識・能力やクラスの雰囲気・人間関係，さらには学校環境等をふまえて関連付けられています。ですから，それらの学習の仕方を独立的に取り出すことは簡単ではありませんが，あえて記すと表6-1の右端のようなものになります。

　学習方法を一般的に分けると，学習形態と学習活動に大別されます。学習形態は学習集団の規模による区分で，一斉学習（クラス全体での学習），グループ学習（班学習），個別学習（一人での学習）に細分されます。実際の授業では，一時間の授業内でも，最初はクラス全体へ先生が指示した一斉学習，その後に個別学習とグループ学習が続き，最後にまた一斉学習に戻るなど，組み合わせることが普通です。

　一方，学習活動は，子どもがどのような学び方をしているかによる区分で，様々な基準での分類があります。学習は教師の教授（指導）と表裏一体ですから，教師の側に力点をおいて分類するならば，先生が主に解説・説明する指導法である講義法や，教師からの質疑を主とした指導法である問答法（古

代から有効な教授法として使われてきました）が先ずは挙げられます。逆に，学習者を中心に学習法としてみるならば，図書やインターネットで情報を自ら検索し調べる活動，調べた情報を地図・年表・壁新聞や web ページに加工したりまとめたりする作業的な学習活動，実際の事物（土器や施設）の見学・観察活動，土器作成や施設の機能を体験する体験学習，自分（たち）の考えを大きな集団に語る話し合い活動（討議活動），学習成果を他者へ発表する活動をはじめ沢山あります。

　なお，教授（指導）と学習は1つの統合体であること（学校教育では指導のない学習はありません），学習形態と学習活動は1つの授業場面（指導・学習場面）を別の側面から分類したものであること（ですから，一斉授業＝講義法ではありません），学習形態と活動は多くの場合は同時並行的に用いられていることには，注意してください。

2.2　社会科学習方法の典型としての探究的学習過程

　ここまでで，社会科の学習形態・学習活動には数え切れないほど様々なものがあることが分かります。では，それらの形態・活動は，どのように組み合わせればいいのでしょうか？

　その拠り所となるのが，社会科としての探究的学習過程です。探究的学習は，子ども自身が学習課題をもち主体的に学習を進めるもので，社会科に限った学習方法ではありませんが，教科毎にそれぞれ特徴があります。そこで，社会科の探究的学習過程を表6-2として示します。この表は，志村・茨木・中平（2017）にある社会科の探究学習過程の枠組みに，前述の「高田平野の用水づくり」の事例を組み込んだものです。

　要点は，学習対象と学習課題とを子どもが主体的につかみ，それを調べて解決していこうとする段階Ⅰ，例えば，「学校の近くに赤い水門がある小さな川が流れているけど，水門は何で，川がどこから流れてくるのか不思議だ。知りたい。」といった疑問や調べたいことを自ら抱き発する段階からはじま

表6-2　社会科における探究的学習過程

段階	学習過程の内容及び主発問の例	「高田平野の用水作り」の事例	対応する思考力
Ⅰ	学習対象事象・課題の発見と探究方略策定 　それは何なのか？ 　何が課題なのか？ 　どのように調べればいいか？	学校の近くの小さな「川」や赤い水門は何か？ どこから流れてくるのか？ 近くの人に聞いたらどうか？	問題解決・発見
Ⅱ	資料・情報等の収集と分析 　どんな資料・情報が必要か？ 　その資料・情報は何を示しているか？ 　資料・情報をどのように分析するか？ 　分析結果が示していることは何か？	学校の周りの地図，人の話。昔からあったこと，遠くから流れてきていること。教科書の年表と比べて，どのくらい古いか確かめる。江戸時代からあった。	
Ⅲ	分析結果の実証的考察 　分析結果はどのようにしたら解釈・説明できるか？ 　解釈・説明できたことは何か？ 　解釈・説明できないことは何か？	江戸時代の藩の年表と比べてみる。誰が・何故つくったのか？江戸時代に造られた用水路。	
Ⅳ	分析結果の規範的考察 　対象事象に含まれている価値は何か？ 　分析・考察している自分の価値観は何か？ 　他の価値観から分析・考察するとどのようになるか？	米づくりで水はとても大切。大変な苦労をして用水を掘るのは嫌だ。江戸時代の農民は苦労しても水は欲しかった。	論理的・水平的・システム的・批判的・創造的思考
Ⅴ	課題解決の意思決定 　異なる資料・情報や価値観に基づくと考察結果はどうなるか？ 　それぞれの考察結果をどのように評価するか？ 　自分はどの考察結果を支持するか？	殿様の立場の資料ではどうか？農民と殿様の両方とも水が欲しかったことは事実。用水路は農民の願いと領主の要求でつくられたことを支持。	
Ⅵ	学習過程の振り返りと新たな探究課題の導出 　自身の学習過程は適切だったか？ 　自分の支持する考察結果に基づくと次は何が課題か？	足りない資料はなかったか？他の場所でも用水路は造られたのだろうか？	メタ認知・学び方の学び

（志村作成）

り，資料・情報の収集・分析の段階IIを経て，段階III・IVの分析結果の考察（調べたことを整理して考える），段階Vの意思決定（最終判断）へと展開する過程です。このような過程は理科等の他教科とほぼ同じです。しかし，社会科の場合は，段階IVに記した規範的考察，すなわち価値を意識して考えることが大きな特徴です。これは，価値認識をも社会科が扱うからです。「所得税の累進課税は適切か」といった公民的な学習課題では，段階Vの価値に関わる意思決定が必ず必要になりますが，「ゴミ焼却場は，市のどの場所につくればよいか」といった地理的な学習課題でも実は関わっています。このような問題は，正解を求めるのが容易ではありませんが，「どのように解決していくのがよいのか（適切なのか）」という解決案を求める方法，即ち「社会問題を民主的に解決する手順」を身に付けること自体が，私たちの生活している社会では極めて重要ですから，社会科としての探究的学習過程には公民的資質を育成する点からも大きな意義があります。

3　社会科としての体験・活動的な学習を

　テレビ番組などに「社会科見学」を題したコーナーがあるように，やはり多くの人にとって小学校社会科で楽しかったのは，学校外に出ての体験的・活動的な学習です。それが，一斉の観察・見学活動であろうと，グループでの調べ学習であろうとです。しかし，それが，単なる体験・活動で終わらず，社会科の目標を達成するための学習にならなければなりません。

　実は，「高田平野の用水づくり」実践を行った先生は，その後に新設された「生活科」や「総合的な学習の時間」の授業づくりでも活躍されました。今振り返ると，私が水門の絵を描いたこと，他の人が聞き取り調査に行ったり，水の流れる早さを測ったことなど，1次にクラスが行った活動は様々で，その後できた「総合的な学習」の先駆となるものでした。しかし，この1次が「事実をみつめる段階」と題されていたことは，社会認識育成を目指す社会科学習としての導入小単元，即ち社会科としての探究的学習の段階Iを強

く意識しています。体験・活動的な学習を，教科教育目標に照らして構想し実践することは，授業をつかさどる教師の専門的力量を存分に発揮する場なのです。

（参考文献）

小林毅夫（1976）：「高田平野の用水づくり」の発問と助言．岩浅農也編『社会科の発問と助言　中学年』明治図書，pp. 221-242.

志村喬・茨木智志・中平一義（2017）：社会科教育における「思考力」の捉え方─国立教育政策研究所研究報告書「21世紀型能力」を緒に─．上越教育大学研究紀要，36(2)，pp. 489-503.

（志村　喬）

column

確かな教材研究が子どもの豊かな学びを生み出す

小林毅夫

1　子どもたちの可能性を信じて

　教え子が大学教員として，地理・社会科教育の分野で活躍していることは大変うれしいことです。若き教師として，迷いながらも懸命に取り組んだ実践が，子どもの中に残り，時にはその人の人生までも左右（影響）していくと思うと恐ろしく，またうれしくもなります。今，改めて42年前（1976年）の実践記録を読み直し，振り返ってみると，よくぞこんな難しい内容の学習を展開したものだなあと思います。同時に子どもたちの吸収力，追求力にも驚きます。

　その後も私は想像を超える子どもたちの活躍を何度か経験します。1984（昭和59）年の夏休み，当時第5学年だったN君が2人の友達とともに自由研究として『まんが高田平野の農業物語』（図6-2）を書き上げてきました。B5判52ページにわたる大作です。1学期に学習した農業学習を振り返り，資料を駆使したすばらしい内容でした。第4学年の時に学習した中江用水の開発（江戸時代）も取り込み，当時国を挙げて大問題となっていた「生産調整（減反）」に対する批判も織り込んでいます。手書きの吹き出しに，私が当時使い始めたばかりのワープロを駆使して，文字入れし印刷・製本にこぎつけました。

図6-2　N君ら作成の『まんが高田平野の農業ものがたり』

その前年（1983年）には，１学期に学級で豚を飼育し，終業式の日に出荷した第５学年のY君が夏休みから10月にかけて，その活動の記録を物語として仕上げてきました。『勇太・育美ものがたり』です。勇太，育美と名付け，ペットとしてかわいがってきた豚を，経済動物として別れなければならない場面を中心に書かれていました。学級の仲間と考えた，「動植物の品種改良」や「命をいただいて生きる人間」のことなどに触れながら悲しい別れをぐっと受け止めたすばらしい作品でした。これも印刷・製本して残してあります。

いずれも，私は一切手を加えていない創作学習記録（ものがたり）です。教師が懸命に考え，取り組んだ指導を，子どもがどこまで受け止めきれるものか迷います。しかし，子どもの吸収力，記憶力，創造力には驚かされます。教師は，その大きな可能性を信じて，日々指導，研究に挑戦し続けるのです。

2　たゆまぬ教材研究

私は，大学で教育学を専攻してきたので，地理学，歴史学などの専門的な知識は十分とは言えませんでした。むしろ，生活綴方教育や生活教育に関心がありました。地域の現実を見つめ，そこから生まれる社会的な問題を多面的に考えていくことを大切にしたいと考えていたのです。それだけに，社会科として教える以上，その背景となる教材研究，指導法というものをしっかりと身に付けなければなりませんでした。教師であれば当然のことなのですが，かなり必死に努力したように思います。

幸いにも，私が勤務した新潟県上越地域には，当時社会科を中心に教育の在り方を熱心に研究するサークル「民間教育研究団体」がいくつかありました。私はその中の一つ『上越教師の会』に参加しました。毎月一回，自分の実践を持ち寄り先輩教師に分析，指導してもらうのです。実践を始めるためには，教師自身の

確かな教材研究が必要になります。まず，高田市史，高田藩政史研究等関係資料の確認，過去の実践記録の収集，指導内容の構造的把握など基礎研究が必要です。また，現地踏査，古老からの聞き取り，関係機関からの情報収集にも出かけます。その上で，どう教えるかの準備です。上越教師の会では，教材の構造と合わせて発問の構造，板書の構造など，指導・学習過程についても厳しく指導されました。黒板に「どの位置にどの色のチョークを使って何を書くか」まで考えさせられるのです。

　志村さんが紹介されている『社会科の発問と助言』の実践記録を読むと，第4学年の子どもにしてはすごい発想力・追求力があり，仲間同士の討議・練り上げがあるのを感じると思います。そこには，真のアクティブ・ラーニングと呼ばれるような深くて確かな学習が組み立てられていたのだといえるでしょう。そして，その背景には，多くの先輩たちの積み上げた研究・実践をもとにした教師自身のたゆまぬ教材研究があったことをわかってほしいと思います。

　子どもの豊かな学びを実現したいという教師の営みは休みなく続いていくのです。

第7章　社会科授業の実践に向けて
―カリキュラム理解から指導案作成へ―

―本章の概要―

　前章までの本テキスト前半では，小学校社会科に関する理論的な事柄を述べてきました。ここからの後半は，それら理論を基礎にした授業実践について解説していきます。実践編最初の本章では，小学校社会科のカリキュラムについて確認した後，指導案をつくり授業実践するまでの過程の概要を説明します。

1　小学校の教育課程と社会科

1.1　小学校全体の教育課程と社会科

　小学校の教育課程では，社会科が第3学年から始まります。授業時数は1単位時間45分として，第3学年70時間，第4学年90時間，第5学年100時間，第6学年105時間が充てられます。また，1989（平成元）年学習指導要領改訂において低学年（第1学年・第2学年）にあった社会科と理科が統合されて生活科が新設されたことや，1998（平成10）年改訂における「総合的な学習の時間」新設，2017（平成29）年改訂における「道徳」の教科化をふまえると，社会科が，生活科や総合的な学習の時間・道徳と深く関連していることが分かります。何よりも，第2次世界大戦後に新しくつくられた社会科が，全ての教育課程の中核教科として構想されたことを踏まえれば，社会科を常に教育課程全体と関連づけて捉えておくことが学校での実践の前提となります。

1.2　小学校社会科カリキュラムのスコープとシークエンス

　学校の教育課程は，一般にカリキュラムとも呼ばれます。カリキュラムは，教科のどのような内容・領域（スコープ）を，子どもの発達過程に応じて順序（シークエンス）で配置したものです。日本の場合その大枠は，学習指導要領によって規定され，2017（平成29）年改訂の小学校社会科のカリキュラムは，表7-1のようになります。この表では，横軸がスコープ，縦軸がシークエンスになり，表中で四角に囲まれたものが，単元名になります。例えば，社会科がはじまる第3学年を横軸でみると，最初の単元「⑴身近な地域や市の様子」という地理的な内容・領域で，次に公民的内容・領域にある単元「⑵地域に見られる生産や販売の仕事，⑶地域の安全を守る働き」となり，最終単元が歴史的内容・領域の「⑷市の様子の移り変わり」です。ここから，第3学年では3つの主内容・領域（スコープ）である地理，歴史，公民の全てが扱われることが分かります。一方，縦軸からみると，類似の内容・領域がどのように扱われていくかが分かります。例えば，公民的な「政治」内容・領域の第3学年「⑶地域の安全を守る働き」は，第4学年では「⑶自然災害から人々を守る活動」へ展開し，第6学年では「我が国の政治の働き」につながっていきます。

　なお，表中には2つの内容・領域に属する単元もあります。第5学年の「⑸我が国の国土の自然環境と国民生活との関連」は，地理と公民の両方に記され破線で結ばれています。さらに，詳しくみると，第3学年冒頭「⑴身近な地域や市の様子」は，総体として言えば地理のうちでも「地域」の内容・領域に位置付きますが，同単元内の項目「イ㈠市役所などの公共施設の場所と働き」は，公民的な「政治」内容・領域にも位置付きます。このようなことは，沢山あります。ですから，社会科の内容・領域は相互に深く関連付いており，関連をふまえて授業を計画する必要があります。

表 7-1　小・中学校社会科に

枠組み		地理的環境と人々の生活			現代社会の仕組
対象		地　域	日　本	世　界	経済・産業
小学校	3年	(1)身近な地域や市の様子　イ(ア)「仕事の種類や産地の分布」			イ(ア)「 (2)地域に見られる生産や販売の仕事
	4年	(1)県の様子　(5)県内の特色ある地域の様子	ア(ア)「47都道府県の名称と位置」		(2)人々の健康や生活環 内容の取扱い(3)イ「開発, 産業などの事例（選択）」　(3)自守
	5年	(1)我が国の国土の様子と国民生活　イ(ア)「生産物の種類や分布」　イ(ア)「工業の盛んな地域の分布」　(5)我が国の国土の自然環境と国民生活との関連	イ「世界の大陸と主な海洋, 世界の主な国々」	ア(イ)「自然環境に適応して生活していること」 (2)我が国の農業や水産業における食料生産 (3)我が国の工業生産 (4)我が国の情報と産業との関わり (5)我が国の国土の自然環境	
	6年			イ(ア)「外国の人々の生活の様子」	(1)我　イ(イ)
中学校	地理的分野	C(1)地域調査の手法　C(4)地域の在り方	A(1)②日本の地域構成　C(2)日本の地域的特色と地域区分　C(3)日本の諸地域	A(1)①世界の地域構成　B(1)世界各地の人々の生活と環境　B(2)世界の諸地域	③資源・エネルギーと産業　③産業を中核とした考察の仕方
	歴史的分野				(1)「ギリ (1)「市民成立議治的自 (2)「我が過程」
	公民的分野	(1)「少子高齢化」		(1)「情報化, グローバル化」	A(1)私たちが　A(2)現代 B 私たちと経済　C (1)市場の働きと経済　(1)人間 (2)国民の生活と政府の役割　基本　(2)民主 D(2)より

おける内容の枠組みと対象

みや働きと人々の生活		歴史と人々の生活		
政　治	国際関係	地　域	日　本	世　界

市役所などの公共施設
の場所と働き」

内容の取扱い(4)ウ「国際化」

(4)市の様子の移り変
わり

(3)地域の安全を
守る働き

イ(イ)「外国との関わり」

境を支える事業

内容の取扱い(1)イ
「公衆衛生の向上」

然災害から人々を
る活動

イ(ア)「過去に発生した
地域の自然災害」

内容の取扱い(4)ア
「国際交流に取り組む地域」

内容の取扱い(4)ア「地場
産業，伝統的な文化（選択）」

(4)県内の伝統や文
化，先人の働き

イ(ア)「輸入など外国との関わり」

イ(ア)「生産量の変化」

イ(イ)「技術の向上」

イ(ウ)「貿易や運輸」

イ(ウ)「工業製品の
改良」

イ(イ)「情報を生か
して発展す
る産業」

と国民生活との関連

が国の政治の働き

(2)我が国の歴史上の主な
事象

ア(サ)「国際社会での重要な役割」

「我が国の国際協力」

(3)グローバル化する世界
と日本の役割

内容の取扱い(2)オ
「当時の世界との関わり」

州という地域の広がりや
地域内の結び付き

④交通・通信

地域の伝統や歴史的な背景
を踏まえた視点

地域の変容

シャ・ローマの文明」

A 歴史との対話

(1)ア(ア)「世界の古代文明や宗教
の起こり」

(2)身近な地域の歴史

B 近世までの日本とアジア
(1)古代までの日本
(2)中世の日本
(3)近世の日本

(2)(ア)「武家政治の成立とユーラシア
の交流」
(3)(ア)「世界の動きと統一事業」

革命」，「立憲国家の
会政治」，「国民の政
覚の高まり」

C 近現代の日本と世界
(1)近代の日本と世界
(2)現代の日本と世界

(1)(ア)「欧米諸国における近代社会
の成立とアジア諸国の動き」
(2)(ア)「日本の民主化と冷戦下の
国際社会　など」

国の民主化と再建の

生きる現代社会と文化の特色

社会を捉える枠組み

(1)「文化の継承と創造の意義」

私たちと政治

D 私たちと国際社会
の諸課題

の尊重と日本国憲法の
的原則
政治と政治参加

(1)世界平和と人類の福祉の増大

よい社会を目指して

（2017年版『解説』pp. 150-151掲載表を転載）

2 学習指導要領「社会」の構成と読み方

2017（平成29）年改訂の小学校学習指導要領「社会」の構成は次です。

第1 目標……小学校社会科の全体の目標
第2 各学年の目標及び内容……各学年別に次のように記載
　1 目標
　2 内容
　3 内容の取扱い
第3 指導計画の作成と内容の取扱い……小学校社会科全体に関して記載

　各学年別の具体は次章以降で説明しますが，分量が最も多い「内容」部分の読み解き方について，第3学年における2つ目の単元「(2)地域に見られる生産や販売の仕事」を例に解説します（a），b1）等の記号と波線下線は追記）。

(2)地域に見られる生産や販売の仕事
　a）地域に見られる生産や販売の仕事について，学習の問題を追究・解決する活動を通して，次の事項を身に付けることができるよう指導する。
　ア　次のような知識及び技能を身に付けること。
　(ア)b1）生産の仕事は，地域の人々の生活と密接な関わりをもって行われていることを理解すること。
　(イ)b2）販売の仕事は消費者の多様な願いを踏まえ売り上げを高めるよう，工夫して行われていることを理解すること。
　(ウ)c）見学・調査したり地図などの資料で調べたりして，
　d）白地図などにまとめること。
　イ　次のような思考力，判断力，表現力等を身に付けること。
　(ア)e1）仕事の種類や産地の分布，仕事の工程などに着目して，
　f1）生産に携わっている人々の仕事の様子を捉え，
　g1）地域の人々の生活との関連を考え，表現すること。
　(イ)e2）消費者の願い，販売の仕方，他地域や外国との関わりなどに着目して，
　f2）販売に携わっている人々の仕事の様子を捉え，
　g2）それらの仕事に見られる工夫を考え，表現すること。

　ここで，波線を引いた部分のみを取り出すと，「a）について，e1・2）に着目して，c）で調べたりして，d）にまとめて，f1・2）を捉えg1・2）を考え・表現する活動を通して，b1・2）を理解する」となり，何をどのように学習するのかという授業展開の基本型が浮かび上がってきます。さらに，この記述の構造は，基本的に各学年共通ですから，このような構造的読み方は，他単元にも適用できます。

　しかし，実際の授業は，学校やクラスの状況，何よりも子どもたちの実態に合わせて教師が，内容と方法を創出するものです。とりわけ，小学校の社会科は，学校が所在する地域毎に扱う内容が大きく異なり，教師が独自に教材内容を研究して教材開発し授業を創ることが必要です。そこで，社会科が得意なベテランの先生が，単元「販売の仕事」（上記内容ではb2）・e2）・f2）・g2）に相当）の授業を創るまでの過程・指導案を紹介します。

（志村　喬）

3　第3学年：単元「店ではたらく人〜販売の仕事〜」の
　　　　授業づくりの実際

3.1　学校がある地域の特性も活かした単元のねらいの設定

　最初に，単元のねらいとして学習指導要領をふまえ，以下を設定しました。

・地域には販売に携わる仕事があり自分たちの生活を支えていることや仕事の特色や地域等とのかかわりを理解する。

・課題に対して，進んで調べようとする。

・地域の販売の仕事の様子から学習課題を見出し，見学・調査したり，話し合ったりしたことを適切に表現する。

　次に，地域の商業の様子を把握しました。子どもたちの商業施設の利用状況をみると，利用頻度が最も高いのは学校区外のスーパーマーケット「イチコスーパー」ですが，区内の「道の駅あらい」にある店舗，とりわけ地元の特産品を販売している「ひなだん」という店の認知度が高いようでした。「ひなだん」は，地元の人々が協力して開いている店で，スーパーマーケッ

トとは異なる工夫をしながら，地域の情報発信や活性化も目指している店です。そこで，「ひなだん」の特色を活かすことで，これからの社会科で求められている地域社会へ参画する力の育成も図れると考え，次も目標として加えました。

　　・販売の仕事の工夫と自分たちの生活や地域とのかかわりや販売の仕事の
　　　活性化の方法を考えようとする。

3.2　授業者の収集情報・教材を活かした学習の内容・方法の工夫

　全国の多くの地方都市は，商店街の活性化に取り組んでおり，活性化のために様々な工夫をしています。この授業をする前の夏休み，「ゲゲゲの鬼太郎」などで有名な漫画家水木しげるさんの故郷，鳥取県境港市の商店街を訪問する機会がありました。商店街の人々は，駅から商店街に続く道路を「水木しげるロード」と名付け，「ゲゲゲの鬼太郎」をはじめとした水木さんのマンガのキャラクターの絵や像を道路沿いに設置したり，関連した商品を開発・販売したりして，商店街の活性化を図っていたので，情報・教材収集をしました。その結果，スーパーマーケット「イチコスーパー」，道の駅にある店「ひなだん」，マンガのキャラクターを活かしている「水木しげるロード」にある店，の3つを学習内容として取り上げて比較することで，それぞれの店の工夫や課題を多面的・多角的に考察することができると考えました。

　また，「イチコスーパー」と「ひなだん」は，身近な地域にあることを活かして，実際の訪問調査・販売体験を学習方法として積極的に組み込むことにしました。「水木しげるロード」は，現地調査で撮影した店で働く人へのインタビューVTR，商店街のシャッターに描かれたキャラクターの写真，開発・販売されていたキャラクターのグッズを活用し，調査活動の模擬体験を目指しました。その結果，指導計画は次のようになりました。

3.3　単元「店ではたらく人～スーパー，道の駅あらい，水木しげるロード～」

単元の指導計画（全15時間）

	◎ねらい　○学習内容　・学習活動	○評価規準　・評価方法
	◎自分たちの生活と店とのかかわりについて考え，学習課題をもつことができる。	
第一次　つかむ　4時	○利用する店についての調査。 ・地域にどんな店があるのか出し合う。写真を見る。 ・日ごろ，どんな店で買い物をするのか話し合う。 ・家の人の店の利用についての質問カードを作る。 ・家の人に聞き取り調査を行い，カードに書く。 ・質問カードにまとめる。 ・話し合ったことを白地図にまとめる。 ・学級の家の人の買い物の実態についてまとめる。 ○「お店ではたらく人」の学習課題。 ・疑問に思ったことや調べたい課題を話し合う。	○地域の人々の販売の仕事の様子に関心をもち，意欲的に調べようとしている。 【関】・話合い ○地域には販売に関する様々な種類の店があり，私たちの生活を支えていることを理解している。 【知】・カード・発言
	①スーパーマーケットがよく利用されているけれど，どうしてかな。 ②道の駅あらいの地域のお客さんをふやすにはどうすればいいかな。 ③私たちも買い物体験，店の体験をしてみたい。	
	・商店の見学計画を立てる。見ること聞くことを決める。 　①イチコスーパー　②道の駅あらい	○自ら課題をもち進んで問題解決を図ろうとしている。【関】・話合い・ノート
第二次　調べる　5時	◎店ではたらく人は，どんな仕事をして，どのような工夫をしているのか調べる。	
	○イチコスーパーの見学。 ・見学計画をもとにスーパーマーケットを見学し，売り場の工夫について調べる。	○自ら課題をもち，進んで問題解決を図ろうとしている。【関】・調査の態度

	・スーパーマーケットで働く人にインタビューをし，働く人の工夫について調べる。 ・スーパーマーケットの品物の産地を調べ，他地域とのつながりについて知る。 ・お客さんにインタビューし，お客さんが店に求めていることを調べる。 ・店で行われている環境を守るための取組や地域の人々が利用しやすい取組について調べる。 ○道の駅あらいの見学。 ・見学計画をもとに道の駅あらいを見学し，店や駐車場の工夫について調べる。 ・市役所の方や店「ひだなん」の店長さんに聞き取り調査を行う。 ・お客さんにインタビューし，お客さんが店に求めていることを調べる。	○観点にもとづき見学したり資料活用したりして地域の人々の仕事の様子について必要な情報を集め正しく聞き取ったり読み取ったりしている。 【技】・しおり表現・調査 ○自ら課題をもち進んで問題解決を図ろうとしている。【関】・調査の態度 ○観点にもとづき見学したり資料活用したりして地域の人々の仕事の様子について必要な情報を集めて正しく聞き取ったり読み取ったりしている。 【技】・しおり表現・調査
第三次　まとめる　2時	◎様々な形態の店の工夫について話合い，まとめて，理解する。	
	○それぞれの店の工夫。 ・イチコスーパーではどんな工夫をしていたか話し合う。 ・道の駅あらいでは，どんな工夫をしていたか話し合う。 ・新井商店街では，どんな工夫をしていたか話し合う。 ○なぜスーパーマーケットがよく利用されるようになったか。 ・工夫をシートにまとめる。 ・工夫を話し合う。 ○道の駅あらいがなぜ売上1位になったかの理由。 ・工夫をシートにまとめる。・工夫を話し合う。 ○店の人が大切にしていることを話し合う。	○集客の工夫を考えている。 【思】・話合い・シート ○商店の品物の品質保全や流通の工夫を考えている。 【思】・話合い・シート ○商店の環境保全や地域貢献につなげ，今後どんな取組が必要か考えている。 【思】・話合い・シート ○分かったことを発見カード等に表現している。 【技】・発見カード

| 第四次　いかす　4時 | ◎地域の店の活性化について考え，提案したり，参画したりする。〈活用型学習〉 | |
| | ○道の駅あらいにもっとたくさんのお客を呼ぶ方法。
・自分の考えをノートに書く。
・シャッター街が客でいっぱいになった「水木しげるロード」の映像と写真を見る。
・たくさんのお客を呼ぶにはどうすればよいか，「水木しげるロード」の取組をもとに話し合う。
・提案書と新聞を書いて市役所や商店に届ける。
・自分たちも取組に参画する。
↓
道の駅あらい「ひだなん」に青空市場出店（「総合学習」） | ○今後どんな取組が必要か考えている。【思】・シート
○店の集客や商品の品質保持に向けた様々な工夫を理解している。【知】・評価テスト
○学んだことを分かりやすく表現している。【技】・新聞
○商店に対し自分たちなりに考えたことを適切に表現し，提案している。【思】・提言書 |

3.4　本時「道の駅あらいにたくさんのお客さんに来てもらうには，どのようにすればよいだろう」（12/15時）の指導計画

時	■学習活動　・予想される児童の反応	●指導や支援　◇評価
5	■店の人が大切にしていることを確認する。 ■課題をつかむ。 道の駅あらいにたくさんのお客さんに来てもらうには，どのようにすればよいだろう。	●確認した内容（短冊）を黒板に貼る。
10	■自分の考えをノートに書き，発表する。 ・チラシやポスターをつくり，せん伝する。 ・商品の良さや商品を使ったレシピを商品につける。 ・まとめ買いを安くする。　・イベントを行う。	●見学や店の人の考えを振り返り考えるよう伝える。 ◇集客のためにどんな取組が必要か考えている。

25	■水木しげるロードの写真やビデオを視聴し，課題に対する考えをシートに書き，グループで話し合う。 ・子どもが楽しめる遊びコーナーをつくる。 ・道の駅全体でスタンプラリーをする。 ・地域のシンボルを置くと，地域のことが伝わる。 ・総合の時間で作った新聞「大桜新聞」や育てたスズムシを置く。 ・おまけをつけるとお客さんが喜ぶ。	●実際に授業者が聞き取り・体験したことを解説しながら見せ児童に自ら調査している気持ちにさせる。 ◇写真，ビデオを視聴しどんな取組が必要か考えている。【思】・シート・発表等
5	■今日の学習を振り返るとともに，次時の学習（自分たちが開く店で行うことを決める）を確認する。	●社会参画意欲を高めることにつなげていく。

3.5　授業実践の様子

　第4次の最初である本時では，お客が楽しめる工夫や地域の特色を表す工夫が意見として出ました。そこで，続く授業では総合的な学習の時間も使い，「ひなだん」での販売を企画・体験し，チラシ，レシピ，スタンプラリー，

販売体験活動　　　　　　　　　　　児童の提案書

遊びコーナーを作ることで集客数を増やしました。また，道の駅あらいに今後の販売の工夫としての提案書を各自が書いて渡しました。それらからは，単元のねらいの達成が読み取れました。

(参考文献)

小林朋広（2013）：社会科学習導入期で，社会的な見方・考え方を育成し，社会参画につなげる指導の工夫―小学校3学年「店ではたらく人～スーパー，道の駅あらい，水木しげるロード～」の実践―．教育実践研究，23，pp.67-72.

（小林朋広）

第8章　第3学年の学習
―身近な地域や市の様子の学習―

―本章の概要―

　ここからは学年別にいくつかの単元を取り上げ，社会科授業実践を教師の立場から考えます。本章では，生活科との関係を確認したうえで，社会科の最初の単元における地理的な社会認識（地域認識）の育成方法について解説します。

1　社会科の最初の単元として

1.1　「(1)身近な地域や市の様子」が小学校において持つ大きな意味

　小学校第3学年最初の単元は「(1)身近な地域や市の様子」です。この単元の授業を具体的に考える前に，教師として押さえておくべきことは，この単元が小学校「社会科」の最初の単元であるということです。皆さん承知のように，第2学年までは社会科が理科とともにありません。カリキュラムの変遷を見るならば，社会科に代替されるのは「生活科」です。

　では，生活科と社会科の共通点と違いは何でしょうか？　細かく挙げだしたらきりがないでしょうが，教育実践において最も重要なのは，その目的です。そこで，生活科と社会科の目標を比較してみましょう。

> **生活科の目標（2017（平成29）年版）**
> 　具体的な活動や体験を通して，身近な生活に関わる見方・考え方を生かし，自立し生活を豊かにしていくための資質・能力を次のとおり育成することを目指す。

> **社会科の目標（2017（平成29）年版）**
> 　社会的な見方・考え方を働かせ，課題を追究したり解決したりする活動を通して，グローバル化する国際社会に主体的に生きる平和で民主的な国家及び社会の形成者に必要な公民としての資質・能力の基礎を次のとおり育成することを目指す。

　共通点は，活動や体験及び見方・考え方を活かす（働かせる）学習を通して資質・能力を育成するということです。ですから，学習方法の大枠は同じと言えます。一方，最も大きな相違点は，育成する資質・能力です。生活科は「自立し生活を豊かにしていくための資質・能力」ですが，社会科は「グローバル化する国際社会に主体的に生きる平和で民主的な国家及び社会の形成者に必要な公民としての資質・能力（の基礎）」です。端的にいうならば，生活科は個人次元の目標であるのに対し，社会科は人間集団（国際社会・国家・社会）次元での目標になっている点です。したがって，社会科授業では，学習者を人間集団と常に関連づける意識が教師に必要です。人間集団というと難しく感じますが，子どもたちが学んでいる地域社会と関連づけてということです。すると，社会科の最初の単元が「(1)身近な地域や市の様子」である理由が分かります。

1.2　「身近な地域」とは何か

　単元名は「身近な地域や市の様子」です。ここでの市とは，子どもたちが住んでいる（学校のある）市町村や区を指していますが，「身近な地域」とは何でしょう？

　「地域」という言葉は，地理学用語で「地表面の一部で，何らかのまとまりをもつ範囲」と定義されます。新潟県や上越市は，行政的にまとまった範囲ですから地域です。さらに，中国という国の範囲も行政的にまとまっていますから地域です。ですから，地域は様々な大きさ（スケール）のまとまりを指します。決して，大きさによって定義されるものではありません。

　では，子どもにとって「何らかのまとまりをもつ範囲」とはどんなものでしょうか。皆さんは，第3学年の頃，自分の家の周りをどのくらいまで知っていたでしょうか。家から小学校までは通うので通学路沿いの範囲は知っていたでしょうが，それから外れると分からないことが多かったのではないでしょうか。アニメーション『ちびまる子ちゃん』の主人公まる子ちゃんは第3学年ですが，学校や家から少し離れただけで迷子になったり，不安になったりするシーンが時々あります。これは，第3学年が知っている地域—これは子どもにとっては大変意味のあるまとまった地表面上の範囲ですから地域になります—が大人に比べ，とても限られていることを意味しています。

　実際，小学校の各学年の子どもに，自宅や学校の周りの地図を自由に描いて下さいというと，第3学年の最初は本当に限られた地域です。中には，地図を描けない子もいます。しかし，社会科を学び第4学年になっていくと，その範囲は徐々に広がって行きます。多くの場合，第3学年では，広くても学区までですが，第4学年になると学区を越えていきます。すなわち，子どもにとっての「身近な地域」は，第3学年の段階では多くの場合「学区」ということです。

　社会科の授業では，この「身近な地域」を，市町村の範囲，さらには県や国・世界へ，地理的な社会認識として広げていくことが求められているのです。

2　「⑴身近な地域や市の様子」の授業づくりの要点

2．1　学習指導要領が示す「本単元」授業の在り方

　前章で，学習指導要領の構造と読み解き方を説明しました。それに即して，この単元の学習方法・内容を読み取ると次のようになります（a～gは，前章で付した記号）。

> ａ）身近な地域や市区町村の様子について，
> ｅ）都道府県内における市の位置，市の地形や土地利用，交通の広がり，市役所な
> 　ど主な公共施設の場所と働き，古くから残る建造物の分布などに着目して，
> 　ｃ）観察・調査したり地図などの資料で調べたりして，ｄ）白地図などにまと
> 　め，ｆ）身近な地域や市の様子を捉え，ｇ）場所による違いを考え，表現する
> 　活動を通して，
> ｂ）身近な地域や自分たちの市の様子を大まかに理解すること。

　このように並べてみると，述べられている内容は，改段した箇所を境に3つの部分に分かれます。ａ）だけからなる最初の部分は学習の対象（学習内容）を述べています。一方，ｅ）からはじまる2番目の部分は「何に着目し，どのようなことをするか」といったことですから学習の方法（学習活動）を述べています。そして，ｂ）からなる最後の部分はそのような学習を通して達成すべき学習成果であり，身近な地域や市の様子のおおまかな理解（地域的な社会認識）を求めています。先に挙げた生活科の目標と比べると，最後の学習成果が社会認識として明確に記されていることが特徴です。ですから，このような成果をもたらすような学習活動を教師として組織し指導しなくてはいけません。

2.2　「本単元」授業づくりの2つのハードル

　社会科の最初である本単元の実践では，2つのハードルが従来から指摘されています。第1は，子どもたちの地理空間認識及び地図活用能力の未発達です。第3学年になったばかりでは，学区全体の地理空間認識はありません。また，学区の地図を見せられても，それを自分たちの日常経験と重ねあわせることも容易ではありません。しかし，地理空間認識を地図を活用して身につけることは社会科教育全体の大きな目標ですから，この時点でその基礎をしっかり学習させておくことが必要です。とりわけ，新学習指導要領では，従来第4学年からだった『地図帳』（学習指導要領上の正式名称は「教科用図書

「地図」」で教科書の扱いですから利用・活用が必須です）が，第3学年で給付されるようになり，従来以上にその活用が求められています。第2のハードルは，子どもの日常生活経験を超えた広い範囲である「市」全体の様子について学習しなくてはいけないことです。平成の大合併で範囲が拡大した市ではとりわけ高いハードルです。そこで，以下では，このハードルに挑んだベテランの先生から，解決方法について解説してもらいます。

（志村　喬）

3　「身近な地域の学習」と地図指導

3.1　第3学年の学校周辺地域の認識と地図活用能力の実際

　第3学年社会科教科書では，家から学校までの道沿いの場所を紹介する場面設定（導入）からはじまり，学校のまわりの様子について調べていく展開が多くなっています。場所の紹介では地図を提示して行い，学校のまわりをコース別に探検する時にも地図に記録したり，つなぎ合わせた地図を地域の特徴をつかむ学習に活用したりするなどし，これは小学校地図指導の導入段階にあたります。そこには，絵地図・白地図という言葉が出てきます。多くの教科書では，道路網が描かれている（印刷されている）だけの地図を白地図とし，それに子どもたちが気づいた目印等を絵的に描き込んだものを絵地図としています。

　第2学年の生活科に「町たんけん」の学習があり，そこでも地図を活用する場面がみられます。そこでは，第2学年の子どもが，自分自身のいる位置と地図上の位置を合致できる（同定できる）と仮定しています。ですから当然，第3学年の社会科教科書では，「自身の位置を同定しながら地図の活用ができる」との前提で教科書上は学習展開されています。

　では，第3学年は地図活用が十分にできるのでしょうか。私の修士論文研究成果（廣岡，2007）から，学校から近くにある公園までの様子を地図に描いた学習事例をもとに説明をします。この授業では，学校から，生活科で必

ず訪れ親しんでいる場所である公園までの様子を手描き地図（白紙に自由に描く地図）で表現させました。そして，それら手描き地図を分析・分類すると，次の 4 種類に分けられました。

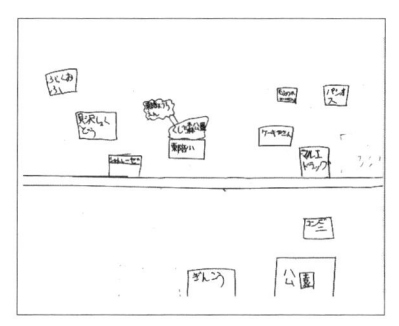

手描き地図 A

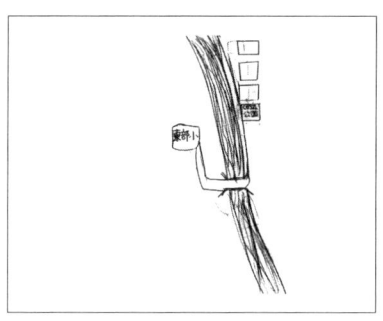

手描き地図 B

手描き地図 C

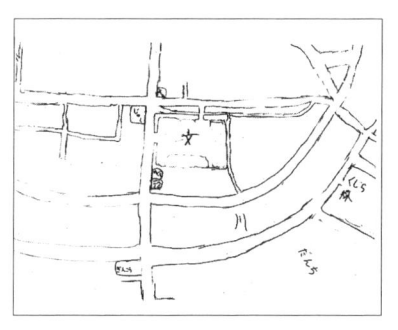

手描き地図 D

| A：一直線の道で目的地までを示す | B：歩いた通りの一本道 |
| C：大まかに交差する道を付加する | D：地域一帯の交差する道までを描く |

（廣岡（2007）で収集した研究資料から掲載）

図 8-1　小学校第 3 学年が描いた学校から近隣の公園までの手描き地図

　この結果から，学校近くの極めて身近な地域であっても，子どもたちの頭の中では道が正確につながっておらず，現在いる位置と道路が描かれた地図上の位置とを重ねることができる（同定できる）とは限らないといえます。つまり，学校で適切な地図指導をしなければ，第3学年になっても同定は困難であり，正確に位置を特定したり，描き込んだりできるとは言い難いのです。

3.2　地図活用能力と地域認識を育む体験的学習の手立て

　そこで，次のような手順の学習を付加してみると効果的です。

　①自分で描いた手描き地図を友達と見比べ，同じところと違うところを確認し合う。

　②実際にそれを持ち，公園まで歩いてみる。

　③再度，手描き地図に描いてみる。

　①では，同じ行程を表した地図を比較することで，道のつながりだけでなく，凡例，距離，方位など様々な違いを知ることができます。北を上にするという原則も，話し合いから導き出し，②の活動につなげていけます。

　②では，地図が目的地に到着するための道具として活用できるかどうかの体験です。①で得た距離や方位の意味などもあわせて，実際に歩くことにより，現在地と地図とを同定する体験にしていくわけです。

　③は，指導時間の確保が難しいですが，実際に歩く体験活動と地図に表す体験活動を繰り返し行う活動により正確な同定が行えるようになっていきます。

　このような地図指導をできるだけ繰り返し行うことで，コース別の調査の際に白地図を適切に読み取り，情報を記録し，つなぎ合わせた地図で学校のまわりの様子の特徴を正確に捉えていけるのです。建造物などの描き方にも子どもたちなりの工夫が出てきます。それを活かしていければ地図記号移行にも意欲的な活動が見込めます。教えるのではなく，子どもたちが見つけ，

作り上げていくかのように地図のきまりを身に付けさせていく地図指導こそ，この時期に必要であり，以後の学習での地図活用の動機付けとなるのです。

　繰り返しの体験活動の時間を生み出すことは困難ですが，第2学年で行う町たんけんの学習として上記の地図指導の一端が取り入れられるだけで，第3学年の社会科導入が非常にスムーズに進んでいきます。他学年，他教科の学習が地図学習につながる内容として取り入れられないか，学校として地図指導の位置づけを検討するなど校内連携を図ると一層効果があります。

（廣岡英明）

4　「市（区町村）の様子」学習の実際

　教科書では一般的に，学校周辺の身近な地域を学習した後に，市（区町村）の様子を学習する単元構成となっています。多くの場合，市区町村が作成している副読本を利用します。しかし，学校周辺の身近な地域を学習したばかりの子どもたちが，副読本の情報だけから市（区町村）といった広い地域を大まかにせよ理解することは困難です。

　そこで，体験を重視し，実際にバスを利用して市の様子を学習している群馬県前橋市での実践例を紹介します。

単元の指導計画（全12時間）

次	時	学習内容	評価計画
1	2	○市の土地の高さや交通，土地利用などを示した地図や写真をもとに，市の様子を知るための学習問題をつくる。 ○市内めぐりの計画を立てる。	・地図から土地の使われ方に関心をもち，調べたいことを決めている。（発言，ノート）
2	5	○バスに乗り，市の特色が見られる場所を見学する。（社会科見	・見学した土地の様子を，特色を交えて記録している。（観察，見学のし

3	4	○見学した場所の様子をまとめ,市の様子を案内する地図を作る。	・調べたことを絵や文を用いて表現している。（ワークシート）
4	1	○作った地図を紹介し合い,市の様子をまとめる。	・市全体の様子で分かったことをまとめている。（発言,ワークシート）

　前橋市の多くの小学校では,土地の高いところ,低いところ,商店の集まっているところ,工場の集まっているところを中心に観察します。市の様子を知るために市内をめぐる場合,地形と土地利用,交通と土地利用などのかかわりが顕著な場所を,効率よく回れるように計画を立てますが,その際に,市内の様子が眺望・俯瞰できる高い場所（前橋市の場合は群馬県庁）を入れることは必須です。また,学校の周りの様子と比較できるように配慮したり,めあてにあった観察ができるしおりを学校で工夫して作成したり活用することが効果的です。

　見学後は,白地図にただ書き込むだけでなく,子ども同士の意見交換をふまえて各自が工夫して地図・パンフレット・ポスターなどに表現しまとめることが大切で,この活動を通してこそ体験内容が「市の様子」として深められ身に付きます。そこで,見学後の最初の時間の展開例を,次に掲載します。

本時「土地の高いところの様子を,前橋市を案内する地図にまとめよう」
（8/12時）の展開

時	■学習活動　・予想される子どもの反応	●指導・支援　◇評価
5	■社会科見学での観察を想起し,本時のめあてを知る。 ・県庁からは,高いビルや家がたくさん見えたね。 ・工場がたくさんあったところへ行ったよね。	●掲示用の白地図を用意し,見学で巡った場所を確認できるようにする。 ●写真を提示し,見学した時の様子を想起しやすくする。 ●案内する地図を見学した場所ごと

		に分けて，制作していくことを知らせる。
	土地の高いところの様子を，前橋市を案内する地図にまとめよう。	
35	■地図で見学した場所を確認し，土地の高いところはどんな様子だったのか，しおりを使って確認する。 ・土地の高いところは，畑がたくさんあったよ。 ・田んぼもあったけど，段々になっていたよ。 ・林がたくさんあったよ。 ■案内する地図の土地の高いところに色を塗り，紹介する文や絵を描き込む。 ・畑が多いことを中心にまとめてみよう。	●しおりに書いた観察メモをグループで紹介し合うことで，観察したことが共有できるようにする。 ●学校の周りの様子と比較させることで，違いに気付けるようにする。 ◇案内図に土地の高いところの様子を紹介する文や絵を書いている。 （ワークシート）
5	■次時は，土地の低いところの様子を地図に書き込んでいくことを確認する。	●次時の見通しをもたせることで，活動への関心を高める。

　しかし，配当できる時間の限られた市（区町村）単元の学習だけでは，市全体の様子を理解するには不十分です。第3学年にある他の単元との連携を工夫し，学年を通した学習で市全体の様子を理解できるようにする意識・年間計画が必要です。

（参考文献）
大﨑賢一（2015）：野外調査を取り入れた小学校市町村学習のカリキュラム開発に関する研究—群馬県前橋市を事例として—．2014年度上越教育大学修士論文．

廣岡英明（2007）：小学校社会科における絵地図指導改善の研究—第3学年の地図表現をもとに—．上越社会研究，22，pp. 91-100.

（大﨑賢一）

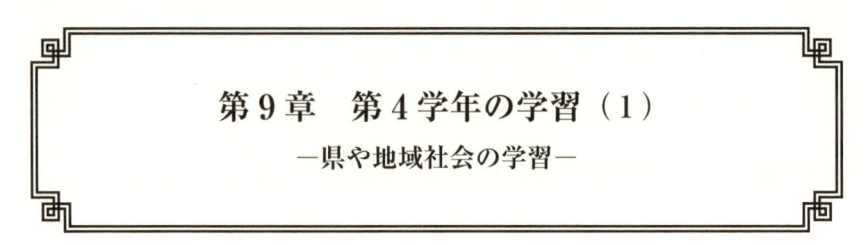

第9章　第4学年の学習（1）
―県や地域社会の学習―

―本章の概要―

　第4学年になると，身近な地域・市域よりも外側に広がる遠い地域である都道府県域や，地域社会での社会的な仕組みや働きを学習します。本章ではこれらのより広い地域・社会の学習について，第3学年及び経済・産業や政治的内容との関係を確認したうえで，教授学習方法について解説します。

1　第3学年から第4学年へ

1.1　第3学年との共通性―地域学習―

　第3学年の単元は最初に「(1)身近な地域や市の様子」を学習した後，「(2)地域にみられる生産や販売の仕事」，「(3)地域の安全を守る働き」といった公民的内容や，「(4)市の様子の移り変わり」という歴史的内容へ展開しています。一方，第4学年の単元は，次の5つです。

(1)県の様子	(2)人々の健康や生活環境を支える事業
(3)自然災害から人々を守る活動	(4)県内の伝統や文化・先人の働き
(5)県内の特色ある地域の様子	

　内容類型としては冒頭単元(1)と最終単元(5)が地理的内容で，この間に公民的な(2)(3)と歴史的な(4)があり，第3学年と共通して，地域の社会的事象を対象としています。そこで，第3学年・第4学年の社会科は一般的に「地域学習」と呼ばれます。

1．2　第3学年との違い―子どもの生活経験から一層遠い内容の学習―

しかし，学習対象とする地域の範囲は，一層広くなります。第3学年での学習対象地域は「身近な地域・市」でしたが，第4学年では，市より広い「都道府県」の範囲へ広がります。この範囲は，子どもにとっては直接的体験ができない遠い地域ですから，地図帳の一層の活用はじめ，第3学年とは違った，指導方法の工夫が求められます。同時に，公民的内容や歴史的内容面でも，第3学年に比べ複雑な社会の仕組み・働きや一層古い過去が扱われ，子どもの生活体験からすれば遠い内容であり，やはり指導の工夫が必要です。

そこで，本章では単元(2)と(5)を取り上げて解説します。

2　「人々の健康や生活環境を支える事業」授業づくりの要点

2．1　学習指導要領が示す本単元授業の在り方

学習指導要領の構造と読み解き方に即して，この単元の学習方法・内容を読み取ると次のようになります（a～gは，第7章で付した記号）。

> a）人々の健康や生活環境を支える事業について，
> 　e1）供給の仕組みや経路，県内外の人々の協力などに着目して，
> 　e2）処理の仕組みや再利用，県内外の人々の協力などに着目して，
> c）見学・調査したり地図などの資料で調べたりして，d）まとめ，
> 　f1）飲料水，電気，ガスの供給のための事業の様子を捉え，
> 　f2）廃棄物の処理のための事業の様子を捉え，
> g）事業が果たす役割を考え，表現する活動を通して，
> 　b1）飲料水，電気，ガスを供給する事業は，安全で安定的に供給できるよう進められていることや，地域の人々の健康な生活の維持と向上に役立っていることを理解すること。
> 　b2）廃棄物を処理する事業は，衛生的な処理や資源の有効利用ができるよう進められていることや，生活環境の維持と向上に役立っていることを理解すること。

本単元の内容は，「内容の取扱い」を踏まえると，番号1）を付した「飲

料水，電気，ガス」の何れかを取り上げる供給面の学習と，番号2）を付した「ごみ，下水」の何れかを取り上げる廃棄面の学習の2大要素から構成されます。以下では，国際的教育活動であり日本でも積極的な推進が現在求められている「持続可能な開発のための教育（ESD：Education for Sustainable Development）」に深く関わる廃棄物の学習の授業づくりの実際について解説します。なお，上記の図でa）・c）・g）が両要素で共通なことから，解説する授業づくりの考え方・方法は，廃棄物のみならず「飲料水，電気，ガス」の学習にも転用できます。

（志村　喬）

2.2　単元「廃棄物の学習」の授業の実際

「廃棄物の処理」の学習内容は主に，ごみはどこに運ばれどのように処理されるのかと，資源の再利用とから構成されています。そのために，ごみの処理や資源の再利用のための事業が果たす役割を，人々の健康や生活環境，県内外の人々の協力などに着目しながら考え，表現する授業が構想できます。その時の教授学習方法としては，見学・調査，地図を活用して情報収集し，文章記述，白地図や図表などにまとめる活動を組み込み表現していくことが有効です。

また，この単元では，健康や生活環境の維持や向上へと繋げることが大切にされています。ですから，過去から現在に至るまで計画的に改善されてきたことを認識することに加え，現在やこれからのごみ処理の問題について「持続可能な社会」の視点から問題提起していくことも必要です。それらの問題点から，自分たちにできることなどを考え，表現するなどを通して身近な生活へ学習内容を結びつけていくことで公民的な資質が育まれます。

次に紹介した単元の指導計画では，大量に処分されている廃棄物に関心をもたせることから始めます。家庭や学校から出されるごみの量や種類を調査し，ごみと資源の違いについて着目させながら，ごみの分類の仕方や運ばれ

方を捉えさせます。そのために有効なのが清掃工場の見学です。なお，清掃工場や最終処分場，リサイクルセンターなどを地図で調べたり，ごみの行方を白地図で表現したりすることで，それぞれの施設の立地場所の特色をつかむことができます。その中で，新しい最終処分場の建設問題や増加する費用の問題を扱うなどし，ごみを減らすための資源の再利用について学習を進めます。そして，地域社会の取組に焦点を当てながら最後に，自分たちのできることを考え，表現する活動へと繋げます。ただし，安易にリサイクル（Recycle）すればよいとするのではなく，大量生産・大量消費の社会の根本的な問題をつかませるためにも，リデュース（Reduce）・リユース（Reuse）の視点をより大切にした3Rを目指した社会の在り方や行動の仕方を考える場面を組み込むことが望ましいです。

単元の指導計画

次	時	学習内容	評価計画
1	2	○家庭から出るごみを調べ，ごみの収集の様子や，ごみの行方について関心をもつ。	・ごみの出る量やごみの種類について調べている。（観察，ノート）
2	6	○清掃工場の見学を通して，ごみの分別方法やごみの行方について調べる。また，資源の再利用やごみ処理の環境への配慮について関心をもち，見学で分かったことを話し合う。	・ごみの分別方法や処理の仕方について理解している。（ワークシート，発言）
3	2	○新たなごみの処理の問題について知り，解決の方法を考える。	・新たなごみの処理の問題について考え，表現している。（観察，ノート）
4	2	○新たなごみの処理の問題解決のために，自分たちのできることを考え，表現する。	・自分の考えを積極的に発表している。（観察，発表）

本時（12/12時間）の展開

時	■学習活動　・予想される子どもの反応	●指導・支援　◇評価
10	■ごみを減らす取組について振り返る。 ・ごみが有料化された。 ・分別の仕方が変わりリサイクルが進んだ。	●ごみの減量とリサイクルの関係についてもふれるようにする。
25	■ごみを減らすために私たちにできることを考える。	●工場見学やこれまでの学習を振り返りながら，自分たちの日常生活と関連させながら考えるようにする。
	ごみの量を減らすために，わたしたちのできることを考えよう。	
	・ごみを捨てるときは分別する。（リサイクル） ・買い物に行くときはエコバックを使いたい。（リデュース） ・新しい算数セットを買わないで，お姉さんの物を使う。（リユース）	●3Rが進んでも，リサイクルのみでは，大量生産・大量消費の抑制に繋がらないことを想起させる。 ◇自分のできそうなことを考えることができる。（ノート，発言）
10	■学校や家族でできることを話し合う。 ・給食の残飯を少しずつでも減らそう。 ・ビニール類はしっかりと分別しよう。	◇自分では何ができるかを考えることができる。（ノート，発言）

（宮下祐治）

3　「県内の特色ある地域の様子」授業づくりの要点

3.1　遠く離れた場所の学習－地図帳の活用－

　第4学年の冒頭単元が「(1)県の様子」であることは，この学年の地理的学習範囲が第3学年に比べ大きく広がっていることを象徴しています。この単元の知識・理解面での目標は「都道府県（以下「県」）の様子について，自分たちの県の地理的環境の概要を理解すること。また，47都道府県の名称と位置を理解すること」と，日本全体の基礎的枠組みである全都道府県の名称と

位置まで含んでいます。そこで，子ども達にとって生活経験がほとんどない遠く離れたこれら場所を学習する方法として，「地図帳や各種の資料で調べ，白地図などにまとめたりして」と記されています。これは，観察・調査といった直接体験的な活動に替わる活動です。

　今回の学習指導要領改訂では，これまで第4学年から配布されていた「教科用図書　地図」，いわゆる地図帳が第3学年から配布されるようになりましたが，上記のように第4学年では，より地図帳が活躍します。

　そこで，地図帳の内容を調べると，次のような主要構成が確認できます。

(1)地図（帳）の使い方に関する内容：地図的な視点，記号（凡例），方位，縮尺（スケールバー），等高線，さくいん等

(2)日本と世界の一般図：日本全体，都市別拡大図，地方別，世界全体，大陸別などで地勢一般を提示

(3)各種の主題図：日本の気候，農業，貿易，文化財などの地図

(4)各種のグラフや年表：日本各地の雨温図，日本の年表など

(5)各種の統計：日本各地の気候表（気温・降水量），都道府県別・国別統計表など

(6)空中写真や立体模型的図を含む画像資料など

(7)さくいん

　このように，地図帳には，地図だけでなく，グラフ・年表や統計表といった，各種資料も掲載されています。ですから，教科書として全員が持っている汎用的な教材として様々な活用ができます。

3.2　学習指導要領が示す本単元授業の在り方

　学習指導要領の構造と読み解き方に即して，「(5)県内の特色ある地域の様子」の学習方法・内容を読み取ると次のようになります（a〜gは，第7章で付した記号）。

> ａ）県内の特色ある地域の様子について，
> ｅ）特色ある地域の位置や自然環境，人々の活動や産業の歴史的背景，人々の協力
> 　　関係などに着目して，ｃ）地図帳や各種の資料で調べ，ｄ）白地図などにまと
> 　　め，ｆ）地域の様子を捉え，ｇ）それらの特色を考え，表現する活動を通して，
> ｂ）県内の特色ある地域では，人々が協力し，特色あるまちづくりや観光などの産
> 　　業の発展に努めていることを理解すること。

　本単元は最終単元ですから，冒頭単元「県の様子」で学習した県の地理的環境をふまえ，県内の中で特色ある地域を取り上げて詳しく学びます。その際，取り上げる地域には，「内容の取扱い」で次のように指定されています（①②③の番号及び下線は追記）。

> 　①伝統的な技術を生かした地場産業が盛んな地域，②国際交流に取り組んでいる地域及び③地域の資源を保護・活用している地域を取り上げること。その際，地域の資源を保護・活用している地域については，自然環境，伝統的な文化のいずれかを選択して取り上げること。」

　すなわち，①②③の３つの地域を学校が立地する県に応じて教師が選択し，目標にある「学習の問題を追究・解決する活動」，具体的には上記ｅ・ｃ・ｄ・ｆ・ｇの学習過程をふまえ，学校所在地・クラスに応じて授業をつくります。

（志村　喬）

3.3　単元「県内の特色ある地域」の授業の実際

　「県内の特色ある地域」の選定では，2017年版『解説』において「広く県内から地域を選択し，自分たちの住んでいる市と比較しながら，それらの地域の特色を捉えることができるよう配慮する必要がある」(p.69) と学習への配慮が示されています。実際に単元を作るには，これと，社会科の目標を重ね合わせ，県内の「特色のある地域」を，まずは教師が見出さなければな

りません。そこで，教科書，『わたしたちの○○県』のような副読本，地図帳の活用が考えられます。しかし，教科書は学習の進め方を確認するためには役立ちますが，学習内容である当該県の「特色のある地域」は掲載していません。したがって，教科書以外の市町村のホームページや市史，さらに現地の図書館・資料館等で情報収集することが必要です。副読本等を基本資料とした場合，地図帳の当該県の産業の記号（伝統工芸品や地場産業）や地図記号（港や飛行場など），自然環境に関する記号（世界自然遺産・ラムサール条約登録地・ジオパークなど）を活用できます。とりわけ，地図帳は単元の導入時に，学習者に「特色のある地域」を捉えさせるために使用することが有効です。なお，ご当地ならではのゆるキャラを単元の導入に用いて学習者の興味・関心を高めるなど様々な工夫が教科書には見られます。ただし，教師は本単元の目標をしっかり意識し，地図帳や白地図などを併用しながら進め，地理的環境に留意しなければなりません。

　県内の「特色ある地域」の選定は，3．2で述べた①〜③の3つの内容から成り立ちます。自分の住んでいる市と具体的に比較しながら，位置や自然環境，産業の発展や歴史的背景などの人々の活動や協力関係に着目して，総合的に3つの地域を取り上げます。ただし，③地域の資源を保護・活用している地域については，自然環境と伝統的文化のどちらか一方を選択することとなります。この3つの地域の教材選定例として，新潟県を参考に単元の指導計画を示します。本計画では，①「地場産業が盛んな地域」が三条市，②「国際交流に取り組んでいる地域」が新潟市，③「地域の資源を保護・活用している地域（自然環境）」が糸魚川市，となっています。

　なお，この単元は，位置や空間的な広がり（地理的），時期や時間の経過（歴史的），事象や人々の相互関係に着目する（公民的）などの社会的事象等の見方・考え方を働かせ，学習問題を追究・解決する活動を組み込みやすい単元です。そして，このような追究の視点や方法を意識した授業設計が繰り返されることで，学習者の思考力・判断力・表現力の能力育成へと繋がります。

単元の指導計画

次	時	学習内容	評価計画
1	1	○県内の特色のある地域を出し合う。地図・白地図，ゆるキャラなどを活用。	・「(1)の県の様子」の学習をもとに，知っていることを話し合っている。（観察，ノート）
2	4	○三条市は，いつから，どのようにして「金物の町」として有名になったのかを調べる。	・「金物の町」の起源や産業との関連を意欲的に調べている。（観察，ノート）
3	4	○「世界ジオパークの登録地」である糸魚川市は，どのようなまちづくりをしようとしているのかを調べる。	・糸魚川市は，自然環境や景観を保全したまちづくりを行っていることについて調べている。（観察，ノート）
4	4	○新潟市の外国との繋がりについて調べ，新潟市が国際交流に積極的に取り組んできたことを理解する。	・新潟市の貿易や姉妹都市を調べ，多くの外国人と協力し合っていることを理解している。（観察，ノート）

本時（6/13時間）の展開

時	■学習活動　・予想される子どもの反応	●指導・支援　◇評価
10	■新潟県で自然環境を大切にしているところを地図や資料から調べる。 ・瓢湖，佐潟（ラムサール登録地） ・糸魚川市（世界ジオパーク登録地）	●ラムサール条約登録地の意味について確認しておく。
20	■糸魚川市は，どのようなところかを調べる。 ・新潟県の南西部で，富山県や長野県と接する。 ・「ヒスイ」というきれいな石がとれる。 ・「フォッサマグナ」という大きな溝がある。	◇糸魚川市の地理的位置や自然環境や景観について副読本（新潟県）や資料集（糸魚川市）で調べている。（ノート）

15	■調べたいことや疑問に思ったことを話し合う。 ・どのように環境の保全がなされてきたのか。 ・どのようなまちづくりを目指しているのか。	◇調べたいことや疑問に思ったことについて書いている。（ノート）（ESD や防災安全の視点に繋げていきたい。）
	「世界ジオパーク登録地」の糸魚川市では，どのようなまちづくりをしているのでしょうか。	

（参考文献）

宮下祐治（2018）：ESD 構成概念を取り入れた小学校社会科の授業開発—社会科としての ESD 単元の在り方を探って—．2017年度上越教育大学修士論文．

（宮下祐治）

第10章　第4学年の学習（2）
―伝統や文化，先人の働きの学習―

―本章の概要―

　第4学年での都道府県の範囲における地域学習の中には，地域社会を取り上げた歴史の学習が含まれています。本章では，その学習の内容や方法について，第3学年での市区町村の範囲を中心とした地域社会での歴史の学習を確認した上で解説します。

1　地域社会の学習の中の歴史的学習

　小学校社会科の歴史学習というと第6学年での学習と思われますが，実際には第3学年・第4学年での地域社会の学習の中から始められています。学習指導要領では次の2つの単元が設定されています。

　第3学年「(4)市の様子の移り変わり」

　第4学年「(4)県内の伝統や文化，先人の働き」

　子どもの身近な地域の「今」から歴史の存在を気付かせ，その意味や継承について考えさせていくものです。第3学年では「市」（身近な地域や市区町村），第4学年では「県」（都道府県）を取り上げています。もちろん，これ以外の部分でも，すべての社会的事象には歴史，すなわち時間による推移がありますから，社会科の内容や方法には必ず歴史が関係してきます。この意味で，第3学年・第4学年での歴史的学習は，その後の小・中・高における社会科の歴史学習の基礎づくりになります。

2 子どもの歴史意識と歴史学習

大人は，長い悠久の時間の流れの果てに「今」があり，将来にわたっても時間が流れていくことを知っています。しかし，子どもにとっては「今」がすべてです。祖父母や父母が昔は子どもであったと知って驚いた記憶のある人もいるでしょう。目の前にいる自分の祖父母や父母は，過去も未来もずっと「今」のままと考えるのが子どもの基本です。こうして子どもは今とは違う「昔」があったことを知ります。おおむね小学校中学年の段階でこのような時間を捉える意識が身に付いて行くことが指摘されています。ただし，この頃の子どもの意識の中の「昔」には奥行きがありません。恐竜がいた昔も，武士がいた昔も，祖父母が子どもであったときの昔も，同じ「昔」と漠然と捉えているのが普通です。このような子どもたちに，第3学年・第4学年において地域社会の中にある身近な素材を活用して歴史を学習させていきます。

3 第3学年「(4)市の様子の移り変わり」授業づくりの要点

3.1 学習指導要領が示す「本単元」授業の在り方

学習指導要領の構造と読み解き方に即して，この単元の学習方法・内容を読み取ると次のようになります（a〜gは第7章で付した記号）。

> a）市（身近な地域や市区町村）の様子の移り変わりについて，
>   e）交通や公共施設，土地利用や人口，生活の道具などの時期による違いに着目して，
> c）聞き取り調査をしたり地図などの資料で調べたりして，d）年表などにまとめて，
>   f）市や人々の生活の様子を捉え，
> g）それらの変化を考え，表現する活動を通して，
>   b）市や人々の生活の様子は，時間の経過に伴い，移り変わってきたことを理解すること。

ここでの題材は，身近な地域や市区町村の様子の移り変わり，人々の生活

の様子の移り変わりです。これらが時間の経過に伴って，移り変わってきたことを理解し，考える学習になります。

　具体的な内容として例示されているのは，「交通や公共施設，土地利用や人口，生活の道具などの時期による違い」です。まず，鉄道や主な道路，橋などの「交通」，自分たちの学校や図書館，公民館などの「公共施設」が整備されてきた様子があります。山林や農地が住宅地や工場に変わっていく「土地利用」や統計にあらわれた「人口」の変化などもあります。授業では昔の地図と今の地図を比べたり，古い写真を見て考えたり，それらを家族や周囲の人たちに聞き取りをしたりという学習があります。そして，日常において使っている「生活の道具」の変化も定番の学習です。家にある古い道具を持ちよることが1つの方法です。その際に，その道具を使っていたときのことを家の人に聞いてきて報告させることが大切です。道具をめぐる話の中に，生活の変化が見られます。電化製品が普及する前・後での変化が一番分かりやすいようです。

3.2　年表の活用

　ここで年表について説明をしておきます。学習指導要領には「年表などにまとめる」ことが何度も出てきます。

　調べたことを時間の経過を整理した形でまとめるには，年表が活用できます。空間を分かりやすく表現したものが地図であるのに対して，時間を分かりやすく表現したものが年表です。年表は教科書などにもありますが，ここでの年表の活用とは，子どもがつくるものである点が大切です。自分たちが調べたことを年表に位置づけていくことで，その時間の経過の推移を分かりやすく整理することができますし，他の出来事との関係にも気づきやすくなります。また，年表をつくることで年表の見方も理解することになります。その意味でも，最初は，時間の長さを同じ長さで表現することに注意すべきです。これを等尺年表と言います。既存の年表に等尺年表はほとんどないこ

とにも気を付けましょう。自分たちがつくった年表を教室に貼っておいて，後の学習や社会科以外の学習に活用することもできます。

4　第4学年「(4)県内の伝統や文化，先人の働き」授業づくりの要点

4.1　学習指導要領が示す「本単元」授業の在り方

　学習指導要領の構造と読み解き方に即して，この単元の学習方法・内容を読み取ると次のようになります（a～gは第7章で付した記号）。

ａ）県内（都道府県内）の伝統や文化，先人の働きについて，
　ｅ1）歴史的背景や現在に至る経過，保存や継承のための取組などに着目して，
　ｅ2）当時の世の中の課題や人々の願いなどに着目して，
ｃ）見学・調査したり地図などの資料で調べたりして，　ｄ）年表などにまとめて，
　ｆ1）県内の文化財や年中行事の様子を捉え，
　ｆ2）地域の発展に尽くした先人の具体的事例を捉え，
ｇ1）人々の願いや努力を考え，表現し，
ｇ2）先人の働きを考え，表現する活動を通して，
　ｂ1）県内の文化財や年中行事は，地域の人々が受け継いできたことや，それらには地域の発展など人々の願いが込められていることを理解すること
　ｂ2）地域の発展に尽くした先人は，様々な苦心や努力により当時の生活の向上に貢献したことを理解すること。

　ここでの題材は，県内を中心とした地域の文化財や年中行事などの「伝統や文化」の様子，地域の発展に尽くした「先人」の事例です。ここに存在する地域の発展やその願い，当時の苦心・努力や保存・継承の取り組みなどを，歴史の中で理解し，考える学習になります。

4.2　伝統や文化（文化財，年中行事）

　まず，県内の伝統や文化について，具体的な内容として例示されているのは，古くから伝わる文化財や年中行事です。その様子を捉えて，現在までの人々の願いや努力を理解し，今に生きる自分たちと地域の伝統や文化との関

係を考えられるようにしていきます。具体的には，歴史を伝える建造物や遺跡，各種の文化財，祭りなどの年中行事などが挙げられています。その中の文化財について学習指導要領解説では特に民俗芸能，日本遺産・世界遺産などが示されています。参考までに，文化財保護法（1950年法律第214号）での文化財は，以下のようなものです。

①有形文化財：建造物，絵画，彫刻，工芸品，書跡，典籍，古文書，考古資料，歴史資料その他の有形の文化的所産で歴史・芸術・学術上価値の高いもの
②無形文化財：演劇，音楽，工芸技術その他の無形の文化的所産
③民俗文化財：衣食住，生業，信仰，年中行事などに関する民俗慣習，民俗芸能およびこれに用いられる衣服，器具，家屋その他の物件で，日本国民の生活の推移の理解のため欠くことのできないもの
④記念物：貝塚，古墳，都城跡，城跡，旧宅その他の遺跡。庭園，橋梁，峡谷，海浜，山岳その他の名勝地。動物，植物，地質鉱物など。
⑤伝統的建造物群：周囲の環境と一体をなして歴史的風致を形成している伝統的な建造物群で価値の高いもの

　文化財とは，様々なものがあり，とても幅の広いものであることが分かります。授業で取り上げる際には，子どもたちが調べやすいもの，分かりやすいものという配慮も必要になります。また，学習においては，年中行事も含めて，そこに携わっている地域の人々，保存や継承に努めている地域の人々に着目させることが大切です。歴史は，今とは関係のない単なる昔のことではありません。過去の出来事や人物，昔につくられたもの，昔に始められたことは，その後に人々に意識され記憶され，受け継がれて初めて「歴史」となって今に至ります。文化財や年中行事そのものは何も語ってはくれません。関係する地域の人々の語る願いや思い，人々の受け継ぎ残した様々なものを通じて，歴史というものを学んでいくことになります。

4.3　地域の発展に尽くした先人
　次に，先人の働きについて見ていきます。学習指導要領では「地域の発展

に尽くした先人の具体的事例」と書かれています。日本に限らず，世界中どこでもその地域のために尽くした人物が必ずいます。そのような人物を取り上げる学習となります。社会科授業として人物は興味・関心を引きやすく共感にもつながりやすい素材です。注意すべきは，その人物を学ぶことに終始せずに，その人物で学ぶこと，つまり，その人物を通じて学ぶこと（学べること）を教師として意識することです。これは人物を取り上げる学習のすべてに言えることです。

　では，どのような先人を取り上げるかですが，学習指導要領では「開発，教育，医療，文化，産業など」の分野での地域の発展や技術の開発に尽くした先人とされています。『解説』では具体的に以下のような先人が例示されています。

> ①用水路の開削や堤防の改修，砂防ダムの建設，農地の開拓などを行って地域を興した人（開発）
> ②藩校や私塾などを設けて地域の教育を発展させた人（教育）
> ③新しい医療技術等を開発したり病院を設立したりして医学の進歩に貢献した人（医療）
> ④新聞社を興すなど文化を広めた人（文化）
> ⑤地域の農業・漁業・工業などの産業の発展に尽くした人（産業），など

　ここには当時の地域の人々が抱えていた生活上の課題や願いがあり，それを解決するための先人（たち）の苦心や努力があります。そして，その先人（たち）の働きを伝え，継承してきた今に至る人々もいます。多くの場合は，現在もその先人の働きが目に見える形で残されてもいます。これらに気づかせ，その意味や今後のことを考えさせるのが学習になります。例えば，用水路の開削はよく取り上げられる教材です。農業用水の確保は人々の悲願でした。そして完成までには多くの障害があったのが普通です。開削の許可，水利の権利，工事の技術，労働力の確保，費用の捻出，突発的な妨げなどの困難があり，いく度も中断しながら何代にもわたって努力が続けられた例も少

なくありません。そのような中で中心となって事業を継続した人物がいるのも普通です。そして江戸時代や明治時代に開削されたものも改修を経ながら今も使われているのが基本です。このような先人を取り上げて，現在の用水路をもとに調べていく学習になります。上記の①の「開発」に関わっては，災害からの復興や現在に残る街づくりなども取り上げることもできます。それぞれの地域の特色を活かすことが大切です。

また，人物だけでなく身近に残された歴史をうまく活用することにも留意しましょう。遺跡や史跡，記念碑などが思い浮かびますが，多くの地名には各時代の歴史が含まれています。そのような地名から歴史に入っていくこともできます。

（茨木智志）

5　先人の働きに注目した歴史学習—第4学年山ろくを流れる上江用水—

第3学年・第4学年社会科では，主として子どもが生活する地域の社会的事象を学習します。しかし，社会的事象をそのまま扱うだけでは，子どもの興味・関心は喚起できず，子ども自身の課題も発生せず，見学・調査活動や話し合い活動は主体的なものにはなりません。これらの課題を克服するべく取り組んだ実践として，「上江用水」（江戸中期に3期130年をかけて新潟県妙高市川上地区から新潟県上越市三方地区まで民営事業で整備された延長26kmに及ぶ用水）を扱った単元を紹介します。

5．1　単元の工夫①—比較資料の提示—

単元導入時に，川と用水の写真や，今と昔の用水図などを提示しました。比較資料の提示によって，子どもに社会的事象の相違点に着目させることができます。また，それぞれの社会的事象が明確となることで，その背景や原因などについて子どもが学習問題をもちやすくなります。こういった手順を踏み見学活動を行うと，子どもの意欲が高まり，主体的な学習活動につなげ

ることができます。

5．2　単元の工夫②―体験・体感活動の充実―

　単元の追究過程では，動作化や追体験等，多様な体験・体感活動を仕組み
ました。上江用水は現在も残っていますが，19世紀初頭のそれとは構造や用
途等が異なるため，子どもは昔の様子を十分に知ることができません。その
ため，社会的事象を実感させることが困難となります。そこで，子どもに用
水作りで使用した道具を体感させたり，サイフォンの仕組みを実験によって
確かめたり，測量の追体験をさせたりします。その際，昔の道具の使い方や
上江用水に造詣の深い学習ボランティアや郷土史家をゲストティーチャーと
して招聘し，活動を支援してもらいます。

　外部講師の招聘は連絡調整が肝要で手間もそれなりにかかります。しかし，
共通理解を図った上で授業に参加していただくと，子どもに社会的事象を
り深く理解させることができるようになります。

5．3　単元の工夫③―体験・体感活動が生かされる指導過程の工夫―

　社会的事象を実感させ，自ら考える子どもを育てるため，体験・体感活動
が生かされる下図のような指導過程を組みました。その際，①その教材に適
した体験的な活動を用意し，単元の導入の段階にそれを位置付けること，②
体験的な活動は，調べたり，確かめたりする場にも適宜活用すること，③単
元の学習をまとめ，深める段階に，つくる活動・表現活動を位置付けること
の3点を意識しました。

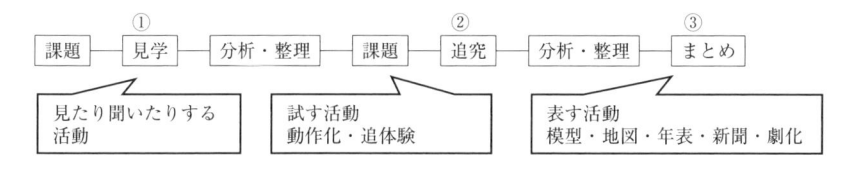

図10-1　体験・体感活動が生かされる指導過程

5.4 先人の働きに注目した歴史学習の指導計画例

時間	段　階	・学習課題　　　○学習活動
1	・2つの資料の比較から学習課題をもつ	・川と用水の違いを学ぼう ○身の周りには川の他に用水があるということを理解し，その働きを考える。
2	・2つの資料の比較から学習課題をもつ	・用水づくりの動機を考えよう ○資料をもとに，なぜ昔の人が山に穴を通す苦労までして上江用水づくりに取り組んだのか，その動機を考える。
3〜6	・見たり，聞いたりする活動を行う	・上江用水や昔の道具を見学し，様子を調べよう ○学習課題をもち，上江用水や用水作りで使用した昔の道具を見学したり，聞き取り調査をしたりする。
7	・前時の活動を踏まえて，分析・整理する学習課題をもつ	・見学して分かったことや疑問に思ったことを整理しよう ○上江用水を見学し分かったことや疑問に思ったことを分類・整理したり，新たな学習課題をもったりする。
8 9	・見たり，聞いたりする活動を行う ・試す活動を行う	・疑問に思ったことをさらに調べて発表しよう ○用水見学から生じた学習課題を学習班（昔の道具，サイフォン，上江用水に関連する偉人）に分かれて追究する。 ○用水開削時の測量の様子を追体験し，当時の人々の工夫を理解する。
10	・前時の活動を踏まえて，分析・整理する	・上江用水の様子を伝える紙芝居作りの相談をしよう ○学んできたことを踏まえ，上江用水に関する紙芝居作りの相談をする。

| 11
～
13 | ・表す活動を行う | ・上江用水の様子を伝える紙芝居を作ろう
○上江用水の開削について，紙芝居にまとめる。
※紙芝居を活用した発表活動を設定する。 |

（近藤克彦）

第11章　第5学年の学習
―国土や産業の学習―

―本章の概要―

　第5学年は日本全体を対象にして国土の様子，産業の様子，災害など自然環境と生活の関連などを学び，一般に「国土学習」「産業学習」と呼ばれます。本章では，他学年の学習内容や地理的認識との関係に留意しながら，これらの教授学習方法について解説します。

1　第5学年の特色

1.1　第5学年の学習内容―国土学習・産業学習―

　第5学年の単元は，次の5つです。

(1)我が国の国土の様子と国民生活

(2)我が国の農業や水産業における食料生産

(3)我が国の工業生産

(4)我が国の情報と産業との関わり

(5)我が国の国土の自然環境と国民生活との関連

　最初の文言が全て「我が国」であることは，日本全体が学習対象であることを示しています。さらに，(1)(5)の自然地理的内容を主とした「国土学習」の間に社会・産業地理的内容である(2)(3)(4)の「産業学習」が組み込まれ，全体に日本地誌的な内容であると言えます。では，子どもにとって第4学年の学習対象（県）よりも一層遠く広い場所である日本について，どのように教えればよいのでしょうか。そのヒントは第5学年目標の記述の中に書かれています。

1 . 2 　目標が示す教授学習方法

　第５学年の目標でも教授学習方法として「社会的事象の見方・考え方を働かせ，学習の問題を追究・解決する活動を通して」と述べられていますが，具体的なヒントは，身につける知識・技能を述べた目標(1)の次の文にあります。

　　　「我が国の国土の地理的環境の特色や産業の現状，社会の情報化と産業の関わりについて，国民生活との関連を踏まえて理解するとともに，地図帳や地球儀，統計などの各種の基礎的資料を通して，情報を適切に調べまとめる技能を身に付けるようにする。」（下線は追記）

　「…理解するとともに，」までは身につけさせる知識を示しており，これが上記５単元に対応しています。一方，後半は身につけさせる技能（情報を適切に調べまとめる技能）を示し，下線のような資料を活用した学習を通して身に付けるとされています。ですから，下線の資料の活用が非常に重要です。活用する資料はまとめて基礎的資料とされていますが，統計資料まで掲載し子ども達が必ず１冊ずつ持っている地図帳は，「基礎的資料」中の基礎資料であり，第５学年ではとりわけ地図帳の有効な活用が鍵です。実際，最初の単元「国土の様子」についての「内容」記述は，次のように読み解けます。そして，他の単元でも「ｃ）地図帳や地球儀，各種の資料で調べ，ｄ）まとめ」る学習活動（下線部）は，ほとんど共通して求められている教授学習方法です。

　ａ）我が国の国土の様子と国民生活について，
　　ｅ1）世界の大陸と主な海洋，主な国の位置，海洋に囲まれ多数の島からなる国土の構成などに着目して，
　　ｅ2）地形や気候などに着目して，
　ｃ）地図帳や地球儀，各種の資料で調べ，ｄ）まとめ，
　　ｆ1）我が国の国土の様子を捉え，

> f 2) 国土の自然などの様子や自然条件から見て特色ある地域の人々の生活を捉え,
>
> g 1) その特色を考え,表現する活動を通して,
>
> g 2) 国土の自然環境の特色やそれらと国民生活との関連を考え,表現する活動を通して,
>
> b 1) 世界における我が国の国土の位置,国土の構成,領土の範囲などを大まかに理解すること。
>
> b 2) 我が国の国土の地形や気候の概要／人々は自然環境に適応して生活していることを理解すること。

2　国土学習と世界像形成

2.1　国土学習・世界地理学習と世界像形成

　1968（昭和43）年版までは第6学年において,様々な気候を鍵として世界各地を学ぶ世界地理の学習単元が設定されていました。この単元は,次改訂である1977（昭和52）年版で削減され,国際理解の学習単元に変容して現在に至っています。しかし,第3学年単元(2)における「外国との関わり」,第4学年単元(5)における「国際交流に取り組む地域」等,身近な地域や自県との結びつきから世界地理を学ぶ方策が分散して組み込まれています。何よりも,第6学年最終単元「グローバル化する世界と日本の役割」が充実するためには,ある程度の世界地理認識（学習者なりの世界像の形成）が前提となります。

　そこで,第5学年の国土学習は,日本を世界に位置づけて学ぶことを求めています。例えば,主な国の学習に関して『解説』では,「主な国の取り上げ方としては,近隣諸国を含めてユーラシア大陸やその周りに位置する国々の中から10か国程度,北アメリカ大陸,南アメリカ大陸,アフリカ大陸,オーストラリア大陸やその周りに位置する国々の中からそれぞれ2か国程度選択することが考えられる。その際,それらの国の名称や我が国との位置関係を世界地図や地球儀で確認させ,産業に関する学習などにおける基礎的な情

報となるよう指導することが大切である。」（p.77）とあり，20か国程度は必須となります。一方，これら国々，さらには主な海洋・大陸を，第5学年の国土学習単元だけで学習させることは，教え込み・暗記になりやすく，指導の工夫が必要です。

　何よりも，グローバル化社会に生きている子ども達は，早くから世界の情報に接しており，社会科学習以前から自身の世界像をもっています。ですから，小学校社会科の学習全体を通して求められている世界地理的知識を身に付けさせ，主体的な世界像形成を図ることが要点です。以下では，修士論文研究（栗田，2018）成果である，第3学年から継続的に世界像構築を図る実践例を紹介します。

（志村　喬）

2.2　世界像を身につけさせる小学校社会科授業
2.2.1　世界像形成の意義

　ここで言う世界像とは，国や地域の位置の認識及びその国や地域に対する個人のイメージであり，実際の世界地図とは異なる個人が頭の中に描く世界を指します。家の周りから，市町村，日本や世界等スケールは多様です。第3学年にもなると，子どもは自らの生活経験や学習経験から，世界像を描いています。しかし，それは身の回りの情報を中心として描かれていることが多く，その子なりの特有のもの（子ども固有の世界像）となっています。社会科の授業で地域の問題や日本，世界の問題を考える際，子どもは世界像を基盤として思考します。ですから，世界像が子ども固有の世界像のままでは，クラス全員で課題を捉えることも解決に向けて思考することも難しくなります。国土の学習では，思考の基盤となる子ども固有の世界像を，地図や資料の読み取り，調査や作図等の体験を通し科学的な世界像へと変容させていくことが求められます。

　世界の国や地域についても，第3学年から身近な生活や産業等と関連させ

て学習を行うことが求められます。学習の中で世界の国名が出てきた時は，地図帳で位置を調べることが有効です。その際，地図を見ながら，「ブラジルは日本から遠いな。」や「オーストラリアはこの前習ったフィリピンの南にある。」など，国や地域の場所を日本や知っている場所との位置関係で捉えるのがお薦めです。このような捉え方をすることで，国や地域がばらばらにならず，1枚の地図のイメージで子どもが世界像を描くことにつながります。

　ただし，世界像は子どもの生活環境が大きく影響するため，個々に異なることを教師は理解しておく必要があります。すべての子どもに同じ世界像を形成するということよりも，個々の子どもがもつ固有の世界像を刺激し，更新していくことが授業で求められます。

2.2.2　世界像形成と態度育成

　小学校社会科では世界像形成と共に，世界の国や地域の生活や文化を尊重する態度の育成が求められます。態度の育成で配慮すべきことは，価値教化にならないことです。例えば，教科書の「世界の様々な国々の文化を尊重しましょう。」という記述に，無批判に従うことが価値教化の一例です。あくまで異文化を尊重する態度は子ども個人の判断の上に育成されるものであり，ある特定の価値を押し付けることは避けなければなりません。しかし，子ども個人の判断に任せるだけでは，態度の育成が難しいのも事実です。特に小学校段階では，批判的な思考よりも情意的な思考が有意であるため，異文化の否定的な側面を見せるとその文化に対し否定的な態度が育成されがちです。そこで，価値教化や情意的な態度の育成に陥らない指導方法の要点を2つ紹介します。

　1点目は，異文化と自文化（自分）とを比較する場面の設定です。比較することで相違点と共通点を考えます。小学校段階では相違点に気付きやすい反面，共通点には気付きにくいという特徴があります。ですから，異文化と

自文化の共通点に気付かせる指導が大切です。その際，自文化の立場から異文化を見ると共に，異文化の立場から自文化を見るというように，双方向からお互いの文化を比較すると効果的です。

　2点目は，自分の行動を判断する場面の設定です。比較で気付いた相違点と共通点を根拠に，自分の行動を判断します。次に，自分の行動について友達と交流し，多様な判断・行動の在り方に気付きます。最終的に，「自分は異文化に対しどのように考えるのか」と自分の考え方にも気付くことが期待できます。

2.2.3　世界像を形成し態度育成を図る指導過程

　ここまで述べた世界像形成・態度育成を図るための指導過程を例示します。展開の①〜④は世界像形成，⑤⑥は態度育成の場面に相当します。

> ①白地図に国や地域の色を塗り，国名，国旗，イメージを記し友達と交流する。
> ②ある国や地域の位置を，別の国や地域を基準に距離（遠近）や方位を使って伝える。
> ③地図と地球儀で，国や地域の形を比べる。
> ④ある国や地域の写真の背景を見て，世界地図のどこの場所か予想し確かめる。
> ⑤様々な国や地域の写真から興味をもった写真を選ぶ。どんなところに興味をもったか，友達と考えを交流し，友達と自分の考え方を比較する。
> ⑥世界の人々の様子の写真を比較し，相違点や共通点を話し合う。

（栗田明典）

3　産業学習—工業の授業づくりを事例に—

3.1　産業学習の概要

　第5学年の産業学習は，日本の農業（稲作，野菜・果物・畜産物など），水産業，工業（金属・機械・化学・食料品など），情報・情報技術活用（放送・新聞，販売・運輸・観光・医療・福祉など）を，自然環境・食料生産・貿易・交通網・

外国と関わりなど日本でみられる様々な様子と関連付けて学びます。以下では，次のように読み解ける日本の工業の授業づくり・指導案を例示します。

---

a）我が国の工業生産について，
　e1）工業の種類，工業の盛んな地域の分布，工業製品の改良などに着目して，
　e2）製造の工程，工場相互の協力関係，優れた技術などに着目して，
　e3）交通網の広がり，外国との関わりなどに着目して，
c）地図帳や地球儀，各種の資料で調べ，d）まとめ，
　f1）工業生産の概要を捉え，
　f2）工業生産に関わる人々の工夫や努力を捉え，
　f3）貿易や運輸の様子を捉え，
　g1）工業生産が国民生活に果たす役割を考え，表現する活動を通して，
　g2）その働きを考え，表現する活動を通して，
　g3）それらの役割を考え，表現する活動を通して，
　b1）我が国では様々な工業生産が行われていることや，国土には工業の盛んな
　　　地域が広がっていること及び工業製品は国民生活の向上に重要な役割を果
　　　たしていることを理解すること。
　b2）工業生産に関わる人々は，消費者の需要や社会の変化に対応し，優れた製
　　　品を生産するよう様々な工夫や努力をして，工業生産を支えていることを
　　　理解すること。
　b3）貿易や運輸は，原材料の確保や製品の販売などにおいて，工業生産を支え
　　　る重要な役割を果たしていることを理解すること。

（志村　喬）

3.2　工業の授業の実際－情報機器の活用を意識して－

3.2.1　産業学習と情報機器の活用

　工業をはじめとした産業学習では，米の生産量，漁獲量，工業生産額や産業の盛んな地域の分布などの地理的データを読み取り概要を捉えます。これらのデータは，地図として視覚化することで日本全体の分布や様子の理解が容易になります。その際には，地図帳の基礎的資料を使うことはもちろん，

情報機器を活用して教員が web 上にある国土地理院の地理院地図等を使って地図資料を作成したり，子どもが調査したことを地図にまとめたりすることが有効です。ここでは，工業の学習で，地理情報システム（GIS：コンピュータを利用して地理的に情報を処理・表現する手法）の使用も意識した指導例を紹介します。

3.2.2　日本の工業の捉え方

　工業の学習では，我が国の工業の概要や変化，生産に関わる人々の工夫や努力，貿易や運送の様子を認識し，これからの工業の発展について自分の考えを子ども自身がまとめることが大切です。単元内容は，身近な地域の工場の見学から始まり，工場相互の協力関係や工業の種類と生産額，工業の盛んな地域の分布などから日本の工業の概要を捉え，さらに貿易や輸送など他の国・地域とのつながりを認識する展開となります。したがって，身近な地域，日本，つながっている世界へと地域を拡大しながら工業を捉えていきます。しかし，単元末では再び地域の工場へ視点を戻し，日本の工業の概要を踏まえた上で今後について考えることで，工場の役割の理解をより深め，工業の持続可能な発展を考える態度の育成も効果的に図ることができます。

3.2.3　日本の工業の指導計画例

単元の計画

次	時	学習内容	評価計画
1	12	○地域の工場の見学や調査を通し，工場の果たす役割や工場相互のつながり，生産者の工夫や努力について考える。	・工場の果たす役割や工場相互のつながり，生産者の工夫や努力について理解している。（ワークシート，ノート，発言）
2	6	○地図（帳）や統計資料を読み取り，我が国の工業の種類や生産	・我が国の工業の種類や生産額，工業の盛んな地域の広がり，特色ある工

108

時	学習活動	評価
3 5	額、工業の盛んな地域の広がり、特色ある工業について考える。 ○貿易や輸送に関する地図や統計資料を読み取り、貿易や輸送の変化や世界とのつながりの様子について考える。	業を理解している。（作業、ノート、発言） ・貿易や輸送の変化、世界とのつながりの様子について理解している。（ノート、発言）
4 3	○我が国の工業のこれからの生産の在り方について自分の考えを表現する。地域の工場の現状を踏まえ、これからの生産の在り方について自分の考えを表現する。	・地域の工場のこれからの生産の在り方について、我が国の工業の現状を踏まえて、自分の考えをまとめることができる。（ノート、発表）

本時「工業が盛んな地域の条件を見つけよう。」（15/26時）の展開

時	■学習活動・予想される子どもの反応	●指導・支援 ◇評価
10	■工業生産額を示した地図を提示し、工業の盛んな地域の広がりについて話し合う。 工業が盛んな地域の条件を見つけよう。	●工業の盛んな地域の工業生産額を示した地図（GISを活用して作成）を提示する。
15	■工業の盛んな地域の条件を予想し、教科書や地図帳、資料集等で確かめる。 ・道路や鉄道など交通が発達している。 ・海の近くにあり外国と輸送しやすい。	●交通、労働者数、輸送、自然環境の観点で工業の盛んな地域の条件をまとめる。 ◇資料を読み取り、条件を見つけることができる。（ノート、発言）
15	■新潟県の工業が盛んな地域も同じ条件が当てはまるか、地図を見ながら確かめる。 ・日本全体も新潟県も、工業の盛んな地域の条件は似ている。 ・新潟県では昔から産業が盛んな地域がある。	●新潟県の工業生産額を示した地図をGISで作成し提示する。 ◇日本の工業の盛んな地域の条件を視点に新潟県の工業の盛んな地域の分布を考えることができる。（話し合い、発言）

5	■学習のまとめ	●全国と新潟県を比較し学びを振り返る。

（参考文献）

栗田明典（2018）：小学校社会科における世界地誌的学習の在り方—社会認識を踏まえた態度育成を図る学習構造—. 新地理, 66(1), pp. 1-19.

（栗田明典）

第12章　第6学年の学習（1）
―政治の学習―

―本章の概要―

　第6学年は，現在の国家や社会，国際関係のしくみや働き，関係性などを学習します。また，小学校社会科の集大成です。これまでに学習し獲得した知見を活用し，現代の社会に対する視点をひろげ，将来を担う国民としての自覚や，平和を願い世界の人々と共に生きることの大切さについての自覚を養います。本章では，第6学年社会科ではじめに学習する，「我が国の政治の働き」について解説します。

1　第6学年の社会科の意義

1.1　小学校社会科の集大成と中学校へのつながり

　第6学年は，小学校社会科の集大成です。第3，4学年で市町村や都道府県の様子などの地域社会の社会的事象を学習し，第5学年で，我が国の国土や産業について農業や工業などを学習してきました。それらを受けて，第6学年では，我が国の政治や歴史，そして，グローバル化する世界との関わりを学習します。子どもたちにとって，身近な社会に関する学習から，だんだんと広い範囲を扱い，見方・考え方を働かせていきます。そしてそれが，中学校社会科の地理的，歴史的，公民的分野の学習につながっていくことになります。

1.2　第6学年の単元構成

　第6学年の単元構成を確認すると，次の3つです。すなわち，(1)「我が国

の政治の働き」，(2)「我が国の歴史上の主な事象」，(3)「グローバル化する世界と日本の役割」です。内容としては，(1)～(3)を通して，我が国の政治の働きや歴史，関係の深い国の生活やグローバル化する国際社会における我が国の役割について理解します。その上で，我が国の歴史や伝統を大切にして国を愛する心情を育みます。そして，将来を担う国民としての自覚や，平和を願い世界の人々と共に生きることの大切さについての自覚を養います。

　本章では，(1)「我が国の政治の働き」を事例に述べていきます。

2　「我が国の政治の働き」の授業づくりの要点

2.1　学習指導要領が示す「本単元」の授業の在り方

　学習指導要領の構造と読み方に即して，この単元の学習方法・内容を読み取ると次のようになります（a～gは第7章で付した記号）。

---

a）我が国の政治の働きについて，

　e1）日本国憲法の基本的な考え方に着目して，

　e2）政策の内容や計画から実施までの過程，法令や予算との関わりなどに着目して，

c）見学・調査したり各種の資料で調べたりして，d）まとめ，

　f1）我が国の民主政治を捉え，

　f2）国や地方公共団体の政治の取組を捉え，

　g1）日本国憲法が国民生活に果たす役割や，国会，内閣，裁判所と国民とのかかわりを考え，表現する活動を通して，

　g1）国民生活における政治の働きを考え，表現する活動を通して，

　b1）日本国憲法は国家の理想，天皇の地位，国民としての権利及び義務など国家や国民生活の基本を定めていることや，現在の我が国の民主政治は日本国憲法の基本的な考え方に基づいていることを理解すること。さらに，立法，行政，司法の三権がそれぞれの役割を果たしていることを理解すること。

　b2）国や地方公共団体の政治は，国民主権の考え方の下，国民生活の安定と向上を図る大切な働きをしていることを理解すること。

　以上のように，本単元は大きく2つに分かれます。一方は，日本国憲法に基づいて行われる三権分立などの政治のしくみや，国民の権利や義務について学習します。もう一方は，先に調査したりまとめたりして学習した情報に基づいて，国や地方公共団体の政治への関わり方や取り組みについて多角的に考え，自分の考えをまとめるという学習をします。それでは次に，それぞれの具体的な取り上げ方と学習方法について考えていきます。

２.２　日本国憲法に基づく政治のしくみなどの取り上げ方と学習方法

　ここでは，次の4つの内容を学習します。すなわち，「国会などの議会政治や選挙の意味」，「国会と内閣と裁判所の三権の相互関連」，「裁判員制度」，「租税の役割」です。

　はじめに「国会などの議会政治や選挙の意味」について考えていきます。日本国憲法に基づいて行われる政治ですが，日本国憲法の重要な原則であるように国民主権が大前提として行われる必要があります。議会制民主主義である我が国では，選挙により国民の代表者を選出するしくみがあります。近年，選挙権年齢の18歳への引き下げに伴い主権者教育が求められています。それは，選挙権を獲得する生徒がいる高校生だけを対象としたものではなく，小学生にも求められている学習内容です。小学生段階から政治に対する関心を高めていく必要があります。ただし，小学生の発達段階等に配慮した内容でなければなりません。少なくとも，国民の代表者である国会議員は，国民の生活の安定と向上のために努めなければならないことを学習内容として扱います。これは，一人ひとりが政治に参加する権利を持つという民主主義の考え方と，国民から選ばれた代表者は一人ひとりの権利を確実なものにしていくために日本国憲法やその原理的な価値体系に基づいて政治を行わなければならないという立憲主義の考え方を教師が把握した上で，その両方が学習できるような内容を子どもの発達段階等により導き出すことが考えられます。

　次に，「国会と内閣と裁判所の三権の相互関連」について考えていきます。

日本国憲法に明記された権利を，国家がどのようにして確実なものにしていくのでしょうか。そのしくみを扱うのがここの内容になります。国唯一の立法機関，国権の最高機関として，日本国憲法に基づいて法律の制定を行うという立法権をもち，予算の議決，条約の承認などを行う国会。その国会が決めた法律に基づいて，実際の政治を行うという行政権をもつ内閣。同様に，法律に基づいて，裁判を行うという司法権をもつ裁判所。そして，これら三権が相互に関連しあい権力を抑制している機能をもつことを理解できるようにします。

　次に，「裁判員制度」について考えていきます。刑事裁判の第一審に国民が参加する裁判員制度に関する学習は，裁判員養成を目的とするのではありません。ここで，刑事裁判における原則である「推定無罪の原則」などの裁判の原理原則を学習できる内容があると，裁判や司法全般に対する理解にもつながります。また，道徳教育との関連性を踏まえた学習内容も考えられます。法に基づいて公正に判断をする裁判と，道徳の主として集団や社会との関わりに関する内容を扱う内容の関連性を考えることができます。その関連性がある内容と，峻別する内容を整理して効果的な学習が展開できるようにします。弁護士などの法曹専門家との協働による授業も想定できます。

　最後に，「租税の役割」について考えていきます。租税が国や県，市の事業にどのように活用されているのか，限られた財源をどのように配分するのかなどの学習は，自分自身と政治の関わりを理解しやすい内容です。配分に関しては，誰が優先されるのか，その理由はなぜか，過去はどのようになっていたか，他の地域や国はどのように配分しているのかなどを考えることができます。これにより，租税を通して，社会的事象に対する見方・考え方を働かせることができるでしょう。さらに言えば，先に述べた小学校でも求められる主権者教育の一環として捉えることができます。租税に関する学習は，税務署等の専門家との協働による授業も想定できます。

　さらに，日本国憲法に基づく政治のしくみを学習する場面では，「天皇の

地位」や「国民としての権利及び義務」,「国民の祝日」について配慮する内容があります。まず,「天皇の地位」について考えていきます。ここでは,日本国憲法に基づいて,天皇が日本国の象徴であり,日本国民統合の象徴であることを理解できるようにします。次に,「国民としての権利及び義務」について考えていきます。日本国憲法に定められた私たちの権利とはどのようなものなのかを,具体的な事例をもとに理解できるようにします。なお,義務についても同様です。私たちの権利の内実を学習し,その具体化のために,先述の「国会などの議会政治や選挙の意味」や「国会と内閣と裁判所の三権の相互関連」との関連性についても理解できるようにします。最後に,「国民の祝日」については,その由来などに関連させて我が国の社会や文化について考えていきます。

　以上のように4つの内容及び3つの配慮事項は,日本国憲法に基づいて,より子どもたちが理解しやすいように学習内容を展開しなければなりません。一見すると,遠い日本国憲法の内容が,子どもたちの生活の中に存在していることに着目し,そこから問いを立て追究していくような学習の展開を考えていきます。また,内容の調査にあたっては,新聞や公的機関が発行する資料,地図帳や地球儀,統計や年表などの基礎的資料にある情報を的確に調べて,まとめる技能を身に付けるようにします。

2.3　国や地方公共団体の政治の取組の取り上げ方と学習方法

　ここでは,子どもの関心や地域の実態に応じて,主に次の3つの内容から選択して取り上げます。すなわち,「社会保障」,「自然災害からの復旧や復興」,「地域の開発や活性化などの取組」です。

　まず,「社会保障」について考えていきます。地域の実情に応じて社会保障の具体的事例（高齢者や障害者の生活支援,介護,医療,子育て支援）を選択し,県や市が国と連携しながらどのように住民のニーズを踏まえて政策を決定しているのかを調べられるようにします。その際に,既習事項である「租税の

「役割」で学習した内容を踏まえて，財源の配分についてその適格性なども考慮できるようにすることが考えられます。

　次に，「自然災害からの復旧や復興」について考えていきます。様々な自然災害とそれからの復旧や復興について，人々は個人として，あるいは他者と協力しながらどのような取り組みをしているのか（自助・共助），行政はどのような取り組みをしているのか（公助）という観点から，何が有効で，何が不足しているのかなどを具体的に調べられるようにします。自然災害時における地方公共団体の働きや，地域の人々の工夫や努力などについて理解できるような内容を選択することが効果的です。

　最後に，「地域の開発や活性化などの取組」について考えていきます。地域の諸課題を市や県が何をどのように進めているのか，国が何をどのように支援をしているのかを具体的に調べられるようにします。このような活動は，地域の将来像を考えること，その地域固有の良さに気がつくことなどの効果も考えることができます。つまり，活性化の意味を子どもたちがどのように考えるかにより，実際に行われている開発の内容を批判的に思考することにつながるのです。

2.4　子どもはどのように思考・判断し，表現するのか

　第5学年と第6学年では，複数の立場や意見を踏まえて，社会的事象の特色や相互の関連や，意味を多角的に考える力が求められます。また，社会にみられる課題を把握して，その解決に向けてよりよい発展を考えたり，社会との関わり方を考えたり判断したりすることが求められます。ただし，多様な見解がある事柄などは，小学校社会科では1つの結論を出す以上に話し合いの過程を大切にします。そのため，子どもが事実を公正に判断することができるようにします。また，考えたことや判断したことについて，根拠や理由を明確にして論理的に説明したり議論したりする力も求められます。

（中平一義）

3　具体的な指導事例

　「我が国の政治のはたらき」の学習では，政治が身近な暮らしにどう密接にかかわっているのか，子どもにとってどのような実感を伴った学びとなるのかが大きな鍵となります。本単元には「日本国憲法に基づく政治のしくみ」「国や地方公共団体の政治の取組」の2つの小単元があります。

　前者では，主権者教育がより求められている経緯から，選挙という具体的な国民の政治行動を学習のスタートに据えて，それがどのように政治の場に反映されていくのか，国会・内閣・裁判所に主権者としてどうかかわっていくのか，その根拠としての日本国憲法の考え方は何かと，学びを進めていく形が考えられます。

　後者では，「社会保障」「自然災害からの復旧や復興」「地域の開発や活性化などの取組」から学習内容を選択します。いずれの場合も，住民の思いや願いが，国や地方公共団体の政治にどう具体的に反映されているのか捉えることが大切です。

　今回は，地域社会の問題である少子高齢化を取り上げました。住民の思いや願いが，県や国と連携しながらどのような市の政策として進められているのか，その考え方の基盤に日本国憲法や法律がどうあるのかを調べながら，地域住民の一員として，持続可能な社会を築くためにどう考えるのか，どのような参画や政治との関わりが考えられるのかに目を向けさせていきます。

「我が国の政治のはたらき」の指導計画例

①単元の計画

次	時	学習内容	評価計画
1	11	選挙のしくみを調べたり，模擬選挙を経験したりすることを通して，日本国憲法の基本的な考え方や三権分立などの政治のしくみ，国民の権利や義務について調べ，身近な暮らしと政治とのかかわりについて考える。	選挙の果たす役割を，国会・内閣・裁判所のはたらきやしくみと関連付けて捉えている。 日本国憲法の三原則や天皇の地位，国民としての権利と義務について，その意味や具体的な内容について理解している。（発言，ノート，ワークシート）
2	5	地域の高齢者福祉事業を調べることを通して，市が国や県と協力して，住民の願いをもとにした政策や支援を行っていることに気付くとともに，これからの地域社会への参画のしかたや自分と政治とのかかわりについて考える。	地域住民の一員として，地域社会への参画のしかたを考えたり，自分なりの政治へのかかわり方の考えをまとめたりしている。（発言，ノート，意見文）

②本時「住民の願いと政治」（2時間扱い）12・13/ 全16時

時	■学習活動　・予想される子どもの反応	●指導・支援　◇評価
15	■資料をもとに現在の大潟区の家族の特徴を話し合う。 ・全国と同じように少子高齢化が進んでいる。 ・人口が減っているが世帯数が増えている。 ・独り暮らしや核家族世帯，65歳以上の高齢者だけの世帯が増えている。	●大潟区の年齢別人口の推移，世帯数の推移，高齢者のみ世帯数の推移を示したグラフ（上越市人口統計をもとに作成）を提示。
10	■住民がどのような願いをもっているのか，予想し話し合う。	●必要に応じて，事前に身近な人にインタビューする活動を取り入れ

	・子どもの数が増えてほしい。 ・独り暮らしの人も高齢者も，誰もが安心して楽しく暮らせる街にしてほしい。	る。 ◇住民の願いや社会の問題を見出している。（発言，ノート）
10	■住民の願いや社会の問題は，誰がどのように解決しているか，予想する。 ・高齢者のお世話は，家族で助け合っている。デイサービスなどで，施設の人が助けてくれている。訪問サービスやヘルパーなど助けてもらえる人がいる。	●子どもの身のまわりで願いの一部が実現されている事例を考えさせ，誰がそうした支援を行っているのかに目を向けさせる。
20	■資料をもとに，上越市の高齢者福祉制度の取組を調べる。 ・ふれあいランチサービス事業，除雪費助成事業，紙おむつ助成事業，高齢者外出支援事業，ごみヘルパー制度など，暮らしに困っている人に，市が様々な支援をしている。 ・高齢者が気軽に集うことのできる「すこやかサロン」というイベントが定期的にある。	●上越市「30年度高齢者福祉制度のあらまし」をもとに，主な取組を子ども向けに分かりやすくまとめ直し，資料として提示する。
25	■「すこやかサロン」の運営スタッフの思いや利用者の声を調べ，感じたことを話し合う。 ・高齢者が「すこやかサロン」で様々な人とおしゃべりしたり，交流したりすることを楽しみにしていることが分かった。 ・体操やレクリエーションなどイベントがたくさんあって，家に閉じこもらないで楽しめるのがよいと思った。 ・高齢者を思うスタッフの方のやさしさに気付いた。私も「すこやかサロン」で高齢者と交流してみたいと思った。	●市から「すこやかサロン」を委託されて運営している「まちづくり大潟」のスタッフに来ていただき，広報誌をもとに活動の概要や活動への思い利用者の声を話していただく。 ◇運営するスタッフや利用者の思いや願いに気付き，「すこやかサロン」の取組の意義を考える。（発言）

10	■住民の願いや社会の問題を解決する政治のはたらきについて，考えたことを話し合う。 ・人々が健康で幸せに暮らすために，市が様々な取組や支援をしている。 ・こうした取組は，市が住民の願いを聞いてつくったのではないか。費用は，どうしているのか。	◇住民の願いと政治のはたらきについて関連付けて，学びを振り返っている。（発言，ノート）

（坂森弘明）

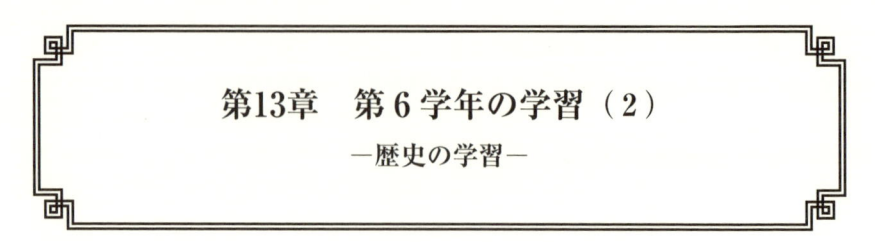

第13章　第6学年の学習（2）

―歴史の学習―

―本章の概要―

　第6学年での社会科学習には「我が国の歴史上の主な事象」の学習，すなわち歴史の学習があります。本章では，その学習の内容や方法について解説します。

1　小学校社会科での歴史学習の特徴

　小学校社会科での歴史学習とは，どのようなものであったのかを覚えているでしょうか。その後，中学・高校で歴史を学習してきた大学生には，その特徴を自覚していない人が多いようです。そこで，時間的には逆ですが，まず高校と中学での歴史学習を思い出してもらい，それから小学校での歴史学習の特徴を確認しましょう。

高校地理歴史科	世界史A・世界史B・日本史A・日本史B
	（2022年度からは歴史総合・日本史探究・世界史探究を実施）
中学校社会科	歴史的分野

　高校では地理歴史科の中で歴史については，世界史A・Bと日本史A・Bがあり，世界史が必修でした。A科目は標準2単位で近現代史が中心の内容です。B科目は標準4単位で日本史・世界史の全体を総合的に取り上げた学習となります。中学校では社会科の地理・歴史・公民の3分野があり，歴史的分野は世界史を背景とした日本史の各時代（古代まで，中世，近世，近代，現代）の出来事や特色を追って学習する内容です。原始・古代から現代（現

在）までの歴史を，概略ながら網羅的に通史として学んでいます。

　では，小学校の第6学年での歴史学習は中学・高校とどう違うのでしょうか。小学校でも古い時代から勉強していくことは同じです。ただし，小学校ではいくつかのテーマを並べる形で歴史学習を構成しており，そのテーマとテーマとの間についてはほとんど触れません。つまり通史のような網羅的に歴史を追っていくのではなく，適宜に「歴史上の主な事象」を選んで授業を構成していきます。そこで，中心になるのが人物や文化遺産となります。下の図は，これを模式的に示したものです。その形から"串団子方式"と呼んでいます。時代の流れという串に人物や文化遺産を中心としたテーマが団子のように並んでいます。

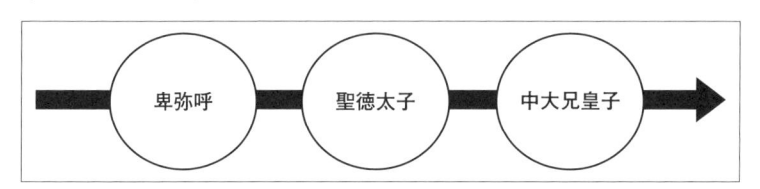

2　第6学年「⑵我が国の歴史上の主な事象」授業づくりの要点

2.1　学習指導要領が示す「本単元」授業の在り方

　次に，第6学年での歴史学習の要点を見ていきます。学習指導要領の構造と読み解き方に即して，この単元の学習方法・内容を読み取ると次のようになります（a〜gは第7章で付した記号）。

---

　a）我が国の歴史上の主な事象について
　　e）世の中の様子，人物の働きや代表的な文化遺産などに着目して，
　c）遺跡や文化財，地図や年表などの資料で調べ，d）まとめて，
　　f）我が国の歴史上の主な事象を捉え，
　g1）我が国の歴史の展開を考えるとともに，
　g2）歴史を学ぶ意味を考え，表現する活動を通して，
　　b1）我が国の歴史上の主な事象を手掛かりに，大まかな歴史を理解するととも

> に，
> b2) 関連する先人の業績，優れた文化遺産を理解すること。

　ここでは日本の歴史を学習します。では，歴史の何を学ぶのでしょうか。「我が国の歴史上の主な事象」とあるように，日本史の各時期における代表的な出来事について資料等をもとに人物や文化遺産，世の中の様子に着目して学習していきます。そうして，日本の歴史はこういう大まかな流れで今に至っているということ，歴史から色々なことが学べることなどを理解し，歴史の大切さ，そして何より歴史の面白さを知ることが小学校社会科では重要です。これがその後の中学・高校での学習につながっていきます。

　歴史の勉強というと試験のために暗記したというイメージを多くの大学生は持っています。理解し，知識として定着させることは大切なことですが，調べること，考えることを学習の中でどのように実現するかが求められています。これらを通じて，「歴史を学ぶ意味」を考えることも求められています。

2.2　学習指導要領が示す「手掛かりとする歴史上の主な事象」

　学習指導要領では，次の表のように(ア)〜(サ)の11の「手掛かりとする歴史上の主な事象」を挙げています。そして，それぞれで関連する「人物」を例示して，「身に付ける知識」を示しています。

手掛かりとする歴史上の主な事象	例示された人物	身に付ける知識
(ア)狩猟・採集や農耕の生活，古墳，大和朝廷（大和政権）による統一の様子	卑弥呼	むらからくにへと変化したこと
神話・伝承		国の形成に関する考え方などに関心をもつこと

(イ)大陸文化の摂取，大化の改新，大仏造営の様子	聖徳太子，小野妹子，中大兄皇子，中臣鎌足，聖武天皇，行基，鑑真	天皇を中心とした政治が確立されたこと
(ウ)貴族の生活や文化	藤原道長，紫式部，清少納言	日本風の文化が生まれたこと
(エ)源平の戦い，鎌倉幕府の始まり，元との戦い	平清盛，源頼朝，源義経，北条時宗	武士による政治がはじまったこと
(オ)京都の室町に幕府が置かれた頃の代表的な建造物や絵画	足利義満，足利義政，雪舟	今日の生活文化につながる室町文化が生まれたこと
(カ)キリスト教の伝来，織田・豊臣の天下統一	ザビエル，織田信長，豊臣秀吉，	戦国の世が統一されたこと
(キ)江戸幕府の始まり，参勤交代や鎖国などの幕府の政策，身分制	徳川家康，徳川家光，	武士による政治が安定したこと
(ク)歌舞伎や浮世絵，国学や蘭学	近松門左衛門，歌川広重，本居宣長，杉田玄白，伊能忠敬	町人の文化が栄え新しい学問がおこったこと
(ケ)黒船の来航，廃藩置県や四民平等などの改革，文明開化など	ペリー，勝海舟，西郷隆盛，大久保利通，木戸孝允，明治天皇，福沢諭吉，大隈重信，板垣退助	我が国が明治維新を機に欧米の文化を取り入れつつ近代化を進めたこと
(コ)大日本帝国憲法の発布，日清・日露の戦争，条約改正，科学の発展など	伊藤博文，陸奥宗光，東郷平八郎，小村寿太郎，野口英世	我が国の国力が充実し国際的地位が向上したこと
(サ)日中戦争や我が国に関わる第二次世界大戦，日本国憲法の制定，オリンピック・パラリンピックの開催など		戦後我が国は民主的な国家として出発し，国民生活が向上し，国際社会の中で重要な役割を果してきたこと

　前項で見たように，「大まかな歴史」を理解するとともに，「関連する先人の業績」と「優れた文化遺産」を理解することが強調されていました。ここには具体的に11の手掛かりとする「歴史上の主な事象」が年代順に並べられています。全体に，政治や生活・文化の特徴に重きが置かれています。非常に多くのことが記載されていますが，『解説』にもあるように，各「歴史上の主な事象」の授業時数に軽重をつけて学習効果を高めることも求められています。また，各教科書を見ると分かるように，例示された42名以外の人物を取り上げることも通常です。

3　人物や文化遺産による歴史学習

　特に歴史学習の場合，教科書にせよ，前記の表にせよ，とても多くの事項が並べられているため，子どもに知識の定着を図るだけで精一杯になりがちです。しかし，定着したかに見える知識も，理解や様々な能力，態度に結び付かないものでは，社会科の学習とは言えませんし，歴史は覚えるだけということになります。受動的に知識を記憶する歴史学習ではなく，子ども自身が能動的に様々なことを調べる歴史学習を，どのように作り上げていくかが教師の課題になります。

　人物は興味や関心を引きやすく共感も得やすい題材です。そのために注意も必要です。地域の先人の働きについて触れた第10章でも述べましたが，人物を学ぶのか（目的），人物で学ぶのか（方法）という2つの側面があります。授業の準備をする段階では，その人物から何を引き出せるのかという方法としての人物を教師として深く追求しておくことを勧めます。言い換えると，その人物を通して教えられること（教えるべきこと）を十分に整理しておく必要があります。これは関連する文化遺産についても同様です。

　一番大切なのは，「問い」です。どのような人物で，どのようなことをしたのかが基本です。これに加えて，どのような時代であったのか，その中でなぜそのようなことをしたのか，そのことは同時代あるいは後の時代にどの

ような影響を及ぼしたのか（など）に問いを進めていく中で，学習を深めていくことになります。問いの答えを子どもが求めていくには，材料が必要です。それが様々な資料です。教科書や副教材にも写真，挿絵，歴史史料，地図，年表などの多くの基礎的な資料が掲載されていますが，授業実践の報告などを見ると先生がたが工夫した実に多彩な多くの資料があって参考になります。問いへの答えを見出していく過程で，資料の読み取り，白地図や年表などの作成，発表・意見交換などを通じて，関連する思考・技能そして表現の力に結び付けていくことにも注意しましょう。

4　「歴史と人々の生活」の学習

　一方で，「業績」のある人物や「優れた」文化遺産の学習だけでは，学習指導要領にある「歴史と人々の生活」の学習は達成できません。歴史には偉人や英雄・豪傑が登場しますが，実際の社会はいつの時代でも「人々」（庶民とか民衆などとも言います）で成り立っています。これからの社会を創っていく子どもたちにも，そのことを歴史学習の中で自覚できるように教師は考えていく必要があります。歴史は自分たちの身近なものであると分かるような工夫が折にふれて欲しいところです。

　では，歴史の中の人々の生活はどのようなもの（こと）を取り上げるとよいのでしょうか。まず具体的なものであることです。そして，なるべくならば地域のものであることです。遺跡や遺物はよく教材として活用されます。例えば，縄文時代の遺跡は日本列島のあらゆる場所で見つかっています。石器や土器，土偶などの出土品は当時の生活を考えるいい素材です。遺跡や遺物は何も語ってはくれませんが，それだけに想像力をかきたてるものがあります。一方で，遺跡や遺物は，場所は確実です。その場所も，なぜこの場所だったのかという考える素材となります。遺跡や遺物は縄文や弥生の時代だけではありません。古代から近世まで（場合によっては近代や現代も），様々な遺跡や遺物を活用した授業実践がなされています。

　戦争中や戦後の人々の生活も歴史学習には不可欠です。子どもにとっては身近な人々の歴史であり，現在の自分たちの生活につながる部分でもあります。第3学年・第4学年での地域の学習ともつながってきます。地域の歴史を通して日本や世界の歴史を見ていく作業にもなります。地域の県・市の様々な資料や副教材が活用できます。地域の統計や地図からは，戦前・戦後の地域の移り変わりが読み取れます。また，家族や地域のお年寄りの話を聞くという学習もあります。戦争については，例えば地域での戦災の跡，地域の戦没者名簿などを活用して，地域の人々と戦争との関わりを考えさせる学習もあります。また，戦争中の子ども向けの雑誌などを使って，子どもの日常の中での戦争を考えさせる学習もあります。近代以降，特に現代史の学習はあらゆるものが使い方によって教材となります。

（茨木智志）

5　歴史学習の実際－「武士の世の中」を事例に－

　小学校の歴史学習で人物の働きや代表的な文化遺産を中心にしながら進めていくことは，前段で述べてきました。教師が，子どもが歴史を学ぶ意味を感じ取ることができるような問いかけをし，歴史を学ぶことに意義を考え出せるように工夫することが大切です。

　本実践は，単元「武士の世の中」の一単元として設定し，源平の戦いで活躍した源頼朝と源義経を中心人物として進めました。まず，2人に関わる歴史的事象，エピソードについて調べることを通して，武士の時代の到来を理解することが必要となってきます。2人のはたらきを調べることで，武士が台頭していく時代の見方・考え方をつくっていきます。単元の終末では，子どもが生活する現在にも共通するような問いかけをすることを考え，棟梁に従っていく武士や民衆の視点にもふれていきます。

単元の指導計画

次	時	学習内容	評価計画
1	2	○教科書等の武士のやかたの様子を表したイラストを読み取り，貴族のくらしとの違いを捉え，武士の役割について考える。	・イラストから，気がついたことを見つけて書き込みをしている。（ワークシート，発言）
2	1	○教科書等を使って，平氏による武士の政治がどのようにして行われたのか調べたり，源平合戦の様子について調べたりする。	・調べたことをノートに書いたり，発表したりしている。（観察，ノート）
3	2	○源平合戦における頼朝と義経の活躍について調べ，2人の功績を表にまとめる。	・調べたことを絵や文を用いて表現している。（ワークシート，ノート）
4	1	○2人のどちらをリーダーにしたいか考え，自分の考えを伝えたり，友だちの考えを伝えたり，新たな資料を探したりしながら自分の考えをつくり変えていく。	・調べたことや授業の内容をふまえながら，自分の考えをノートに表現している。（観察，発表，ノート）

本時（6/6時間）の展開

時	■学習活動　・予想される児童の反応	●指導・支援　◇評価
10	■源頼朝と源義経のどちらをリーダーにしたいか，理由を明確にして考える。 ・頼朝は，中央からいろいろなことを考えて指示を出しているから，統率力がありそうだ。 ・義経がいなかったら戦いに勝利できなかったかもしれないし，戦いに強い人の方が頼もしい。	●前時で見た道具以外の昔の道具をいくつか準備しておく。 ●写真を含めて，できるだけ多くの道具を子どもに紹介できるようにする。
25	■提示された資料をもとにしながら調べ	●頼朝派，義経派の双方の主張を揺

128

る自分の考えをつくり変える。 ・なぜ頼朝は義経を倒すよう指示したのだろう。 ・なぜ頼朝の下に御家人は集まったのだろう。 ・頼朝は，義経を倒すことでご恩と奉公の大切さを示そうとしたのではないか。 ・義経は頼朝のことを信用しきっていなかったのではないか。	さぶる資料を提示する。（後白河法皇の院宣，義経自害に関する資料等複数用意しておく） ●2人にかかわる資料を準備しておく。 ●ノートを見直すように伝える。 ●二次資料，三次資料について説明した上で，インターネットを使うように伝える。
10 ■自分の考えを発表し合う。 ・頼朝は政治力があるから，リーダーにふさわしいと思う。 ・義経の戦での強さは人をひきつけるから，義経がリーダーの方がいい。	●次時から本やインターネットを用いて，昔の道具や暮らしについて調べていくことを伝える。 ◇理由を明確にして自分の考えを表現することができたか。（ノート）

本時の実際

　本時までに子どもは2人の人生やエピソードをもとに調べる活動を続けてきました。3次の調べ活動で，頼朝が実際の戦いに参加しなかったことや義経が戦いで活躍した事実をつかみます。子どもは，頼朝を「後方から指示を出すだけの人」義経を「自らともに戦う人」と捉え始めました。しかし，本時に義経が頼朝追討の院宣を受けた事実や頼朝の義経追討の命令により追い込まれた義経が自害した事実を知ります。そこで，子どものこれまでの2人に対するイメージが大きく変わったのです。子どもは頼朝の苦悩に目を向け，弟に対して追討命令を出す苦渋の決断があったのではないかと考え始めたのです。そんな頼朝の姿やそれに従う人々から「リーダーとしての責任の重さ」という新たな視点を作り出しました。歴史学習で学んだ事実をもとにし，問いかけを工夫することで，子どもはその人物について深く考えることはもちろん，現在にも通ずるような視点をもつことにもつながっていきます。

（五十嵐徳也）

第14章　第6学年の学習（3）
―国際理解の学習―

―本章の概要―

　第6学年の社会科では，最後にグローバル化する世界と，その中での日本の役割を学習します。第3学年の身近な地域から学習を始めた小学校社会科が，この単元によりまとめられ，中学校社会科へとつながっていきます。

　この単元は，世界に目を向けます。世界の人々の生活を，そして，世界が抱える現代的な課題を理解します。その際の視点は，今の自分自身の生活を基盤に，世界そのものをみたり，世界の中の日本をみたりします。つまり，自分自身の視点から世界をみて，日本をみて，最後に自分自身を見つめ直します。

1　「グローバル化する世界と日本の役割」の意義

1.1　グローバル化する世界とは

　グローバル化とは，人やモノの交流だけでなく，文化や経済，政治などの活動も含めて，国家や地域の枠組みを超えて一体的に行われる状態やその過程をあらわしています。1970年代は，地球規模の環境問題が世界的な課題となり，「Think Globally, Act Locally」がキーワードのひとつとされました。環境問題を地球規模で考え，地域で行動しようというものです。その後，旧ソ連の崩壊による東西冷戦の終結が，環境問題以外のグローバル化に拍車をかけたと考えられています。

　実際に，私たちの日常生活でもグローバル化は進んでいます。テレビや新聞，インターネットからの情報は，世界中の出来事を伝えてくれます。スー

パーマーケットやコンビニエンスストアにも，様々な国の材料がかかわる商品が並んでいます。世界中で経済活動を行っている企業もあります。オリンピックをはじめとした，世界的なスポーツイベントも日本にいながらにして知ることができます。2021年（開催予定）の東京オリンピック・パラリンピックは，メディアを通して世界中に放映されます。

　現在コロナ禍により状況は変化していますが，観光で訪日する外国人の数も，大幅に増加しています。JNTO（日本政府観光局）の調査によれば，2003年には約520万人であった訪日観光客数が，2017年には約2870万人にも増加しています。

　このような，グローバル化が進展した要因のひとつは，情報機器の発展とその人々へのひろがりが考えられます。特に急速にひろまったインターネットが大きな影響を与えています。

　一方で，グローバル化により新たな課題も生じています。世界中の人との関わりが増えることは，相手の文化と自分自身の文化との間で摩擦が生じることもあります。ここで摩擦が生じることが想定される文化とは，宗教的信条や思想，食べ物や服装，人種などさまざまな内容が考えられます。お互いを尊重することを考えたときに，相手の文化を理解するにはどうしたらいいのでしょうか。そのような課題に対して，道徳や総合学習などではなく，社会科でできることは何でしょうか，これまでに学習した社会的事象に対する見方・考え方を活用すると，何が見えてくるのか考えていきます。

1.2　日本の役割とは

　グローバル化により，様々な課題を知ることができます。ある国や地域において飢餓が発生していること，地球環境問題が世界的規模で生じていること，教育を受けることができない子どもが存在していること，安全な飲み水が身近に存在しないことなど，様々な課題があります。

　これら課題を解決するために，活動をしている人がいます。

　国際連合は，専門の機関がそれぞれの課題に応じた活動を行っています。例えば，UNICEF（国連児童基金）は，世界中の子どもたちの命と健康を守るために活動をしています。その活動分野は，病気の予防や子どもの教育，子どもたちへの人道支援など多岐にわたっています。インクルージョン（誰もが受け入れられる社会）を形成するための活動なども行っています。日本の政府機関の1つである外務省も，様々な活動をしています。例えば，草の根・人間の安全保障無償資金協力として，約30年にわたり発展途上国を中心に，小・中学校や病院を建設したり，井戸を掘ったりしています。また，JICA（独立行政法人国際協力機構）は，ODA（政府開発援助）の実施機関として，人を通じた国際協力を行っています。その活動の中には青年海外協力隊の派遣などもあります。他にも，様々な分野で活動するNGO（非政府組織）などもあります。

　このように国際的な活動が存在する中で，子どもはどのように日本の役割を考えることができるのでしょうか。国際連合や日本政府の大きな援助を理解することもできます。特にUNICEFの活動は，子どもたちとほぼ同年代の諸外国の子どもが抱えている課題を扱うことができます。それを基にして，日本の子どもたちが，自分自身の生活を振りかえることができたり，自分自身が課題を抱えていることに気が付いたりすることもできます。他にも，青年海外協力隊の方から直接，話を聞く機会があれば，現実の世界の課題を理解することもできます。NGOの活動も同様です。

　大切なことは子どもの視点です。グローバル化する世界と日本の役割では，国際連合の中で活躍する日本，世界で援助や支援を行っている日本，と考えることがあります。この場合，子どもの視点は援助や支援をしている日本を通したものになります。一方で，支援されている人や地域に視点をうつすと，日本に対して考えることができます。このように，小学校の最後に，大きく視点をひろげることができる単元なのです。

2 「グローバル化する世界と日本の役割」の授業づくりの要点

2.1 学習指導要領が示す「本単元」の授業の在り方

　学習指導要領の構造と読み方に即して，この単元の学習方法・内容を読み取ると次のようになります（a〜gは第7章で付した記号）。

> a）グローバル化する世界と日本の役割について，
> 　e1）外国の人々の生活の様子などに着目して，
> 　e2）地球規模で発生している課題の解決に向けた連携・協力などに着目して，
> c）地図帳や地球儀，各種の資料で調べたりして，d）まとめ，
> 　f1）日本の文化や習慣との違いを捉え，
> 　f2）国際連合の働きや我が国の国際協力の様子を捉え，
> 　g1）国際交流の果たす役割を考え，表現する活動を通して，
> 　g2）国際社会において我が国が果たしている役割を考え，表現する活動を通して，
> 　b1）我が国と経済や文化などの面でつながりが深い国の人々の生活は，多様であることを理解するとともに，スポーツや文化などを通して他国と交流し，異なる文化や習慣を尊重しあうことが大切であることを理解すること。
> 　b2）我が国は，平和な世界の実現のために国際連合の一員として重要な役割を果たしたり，諸外国の発展のために援助や協力を行ったりしていることを理解すること。

　以上のように，本単元は大きく2つに分かれます。一方は，グローバル化する世界において，外国の人々の生活や文化，習慣などが多様であることを学習します。もう一方は，国際連合を中心に，国際社会における日本の役割について学習します。次に，それぞれの具体的な取り上げ方と学習方法について解説します。

2.2 外国の人々の生活の様子などの取り上げ方と学習方法

　世界の人々の生活や文化は多様です。我が国の生活や文化とは異なることがあります。その異なること，つまり違いを理解することを学習します。

　具体的な内容は，次の通りです。貿易や経済協力などの面，歴史や文化，スポーツ交流などの面でつながりが深い国の人々を対象として，「衣服」や「料理」，「食事の習慣」，「住居」，「挨拶の仕方やマナー」，「子どもたちの遊び」，「学校生活」，「気候や地形の特色に合わせたくらしの様子」，「娯楽」，「国民に親しまれている行事などの生活の様子」などです。これらについて子どもが自ら問いを設けて調べたり，考えたりしたことをまとめたり議論したりする学習があります。まとめたり議論したりする際には，根拠や理由を明確にすることが必要です。

　諸外国との違いにおいては，我が国も含めた各国の国家や国旗に関する学習も考えられます。それぞれの歴史的背景を踏まえて理解することが違いを理解する上でとても大切です。

　その諸外国は，3か国程度を取り上げ，その中から子どもが自らの興味や関心にもとづいて1か国を選択して主体的に調べることが考えられます。具体的に，どのような国を選択することが考えられるのでしょうか。例えば，政治や経済でつながりの深いアメリカ合衆国や，近隣の国であり経済や歴史，文化でつながりが深い中国や韓国，石油という資源を例にした際に特につながりが深いサウジアラビアなどが考えられます。他にも目の前の子どもが生活する地域や環境においてかかわりの深い国を選択することも考えられます。大切なことは，明確な問いを設定できるかどうかです。さらに，子どもが調べることができるその国の資料に対するアクセスのしやすさや，資料そのものの質や量なども大切です。

　資料の重要性についていえば，自ら問いを立て調べ学習などを行い，まとめたり議論をしたりする際に，調査の結果から獲得した根拠を持たなければならないということです。諸外国の文化を尊重したり理解したりするという活動は，心情的な内容に陥ることが考えられます。諸外国の文化などについて何は理解できるけど，何は理解できないのかなどを考え抜き，その上で尊重するとは何かを議論する学習が必要でしょう。

2.3　国際社会における日本の役割の取り上げ方と学習方法

　小学校社会科の最後に，国際社会における日本の役割について学習をします。ここでは，これまでに学習した社会的事象の見方・考え方を働かせ，世界に存在する諸課題への対応について学習します。世界に存在する諸課題とは，例えば，紛争，環境破壊，飢餓，貧困，自然災害，人権など国境を越えた課題，安全保障などです。それに対して日本は，様々な国際協力を行っています。国際連合や様々な NGO も活動をしています。世界中で活動する青年海外協力隊もいます。子どもにとって，それぞれの課題に対する，いろいろな立場からの支援などを具体的に考えることができる活動がたくさんあります。

　例えば，UNESCO（国連教育科学文化機関）が，世界遺産を保護する活動を行っています。先述の UNICEF は，世界中の子どもたちへの支援を行っています。これらを子どもの身近な生活に引き付けて考えることができます。例えば，世界遺産の学習をした際に，自分たちの生活する地域の文化的な遺産がどのように管理されているのかを考えることができます。UNICEF の活動を学習した際に，戦後すぐのころの日本も支援を受けていたことを学習し，自分たちに引き付けて考えることもできます。国際紛争に関しては，日本は世界で唯一の原子爆弾の被害を受けた国であり，平和の大切さを認識していること，それを世界に訴えていること，具体的に復興支援をしていることを学習することができます。また，例えば2011年の東日本大震災の際に，世界各国からたくさんの支援を受けました。このような事実も，子どもにとって具体的に考えることができる内容です。世界の国々の人たちと助け合っていること，これからも助け合いながら誰もが安心して生活できる社会を形成することができるように，環境問題などを解決し将来にわたり持続可能な社会を形成することができるように，子どもに具体的に考えることができる学習が展開できるようにしましょう。

（中平一義）

3　「グローバル化する世界と日本の役割」学習の実際

3．1　小単元「世界の人々と共に生きる」について

　本小単元の前半では，子どもは，UNICEF や UNESCO の身近な活動や，ODA，NGO など多くの日本人の活躍を調べることで，日本の国際貢献について理解していきます。中でも，UNICEF については，UNICEF 募金の取組を学校で行っていることから，子どもにとって身近な社会事象と言えます。この UNICEF の取組を窓口に，世界平和のために，国際連合の一員として日本の果たしている役割を捉えていく子どもの姿を期待します。

　小単元の後半では，世界平和や諸外国の発展のための日本の協力や連携の意義について考えるとともに，「世界の人々と共に生きる」とはどういうことなのかを考えます。世界の状況と日本で暮らす自分を見つめ，友だちと意見交流する中で考えを深めていく子どもの姿を期待します。

3.2　小単元の指導と評価の計画例

次	時	◎ねらい　　■学習活動	◇評価規準
1		◎世界平和のために，国際連合の一員としての日本の果たす役割を理解する。	
	1	■世界の戦争や紛争について，各種の資料を活用して調べ，世界地図にまとめる。	◇各種の資料を活用して調べ，まとめている。
	2		
	3	■日本は国際連合の一員として世界の諸課題を解決するために，どのような連携や協力を行っているのかを調べ，まとめる。	◇課題解決のための日本の役割について考え，記述している。
	4		
2		◎諸外国の発展のために，日本が援助や協力を行っていることを理解する。	
	5	■世界の環境問題や発展途上国における飢餓，貧困等の問題について，各種の資料を活用して調べ，世界地図にまとめる。	◇各種の資料を活用して調べ，まとめている。
	6		
	7	■日本の国際協力 ODA による青年海外協力隊の活動，NGO の活動について，各種の資料を活用して調べ，まとめる。	◇課題解決のための日本の役割について考え記述している。
	8		
3		◎世界平和や諸外国の発展のための日本の協力及び，連携の意義について考える。	
	9	■日本が国際社会において果たすべき役割等について考えるとともに，世界の人々と共に生きていくために大切なことを考える。	◇日本の協力及び，連携の意義について，話し合いを通して考えを深めている。
	10	■世界の平和に向けた，自分の考えをまとめる。	

3.3　本時（4/10時間）の展開例

時	■学習活動　・予想される子どもの反応	●指導・支援　◇評価
10	■ユニセフ募金がどこで，誰のために，どのように使われているのかを予想する。 ・世界の困っている人のために使われていると思う。 ・食費や医療費として使われているのではないかな。	●子どもの経験などから考えを想起させ，多様な考えを出し合うようにする。
20	■子どもたちの健康と安全を守るユニセフの活動について調べる。 ・ユニセフは国際連合の機関で，世界中から募金を集めている。 ・集めた募金は，文房具代や注射代，衣服代などに使われている。 ・今，命の危機にさらされている子どもたちの健康と安全のために活動をしている。	●各種の資料や，日本ユニセフ協会のHPなどを活用できることを伝える。 ◇各種の資料等を活用して調べまとめている。
15	■ユニセフの役割と自分たちとのつながりについて考え，意見交流をする。 ・自分たちの募金が，支援につながっているのだ。 ・困っている国と助ける国をつなぐのがユニセフの役割だと思う。 ・たとえ微力でも自分たちが協力できることをしていく必要があると思う。	●つぶやきなどから，子どもの気付きや思考を見出し，意見交流に生かす。 ◇世界平和のために，日本の役割や自分ができることを考え記述したり，議論したりしている。

（南雲民人）

第15章　社会科における評価
―授業を振り返る―

―本章の概要―

　本章では，評価について考えていきます。評価はめあてを示すものです。それは，教える側の教師が，子どもの認識状態を把握したり，興味や関心の傾向をつかんだり，学習した内容の到達度を理解するためのものです。子どもの序列化をするものではありません。目の前の子どもは何ができていて，何ができていないのかを把握することにより，次の授業を考えるための大切なめあてとします。

　また，評価は子どもにとっても，自分が何をしなければならないのか，どのように考えたりしたらいいのかなどを認識するめあてにもなります。本章では評価の時期や目的から考えた分類，さらには，その具体的な方法について解説します。そして最後に，新しい評価方法について紹介していきます。

1　評価の種類

　2017年版の『解説』において，評価は次のように記されています。

> 　児童のよい点や進歩の状況などを積極的に評価し，学習したことの意義や価値を実感できるようにすること。また，各教科等の目標の実現に向けた学習状況を把握する観点から，単元や題材など内容や時間のまとまりを見通しながら評価の場面や方法を工夫して，学習の過程や成果を評価し，指導の改善や学習意欲の向上を図り，資質・能力の育成に生かすようにすること。

　学習の評価は，いわゆる通知表に記載されるものであると理解してしまうことはないでしょうか。それは，1つの見方にすぎません。学習の評価は，

教師にとってみれば自分が行った授業の内容の進め方の適格性や妥当性を振り返り，授業の更なる発展につなげていくめあてです。一方で子どもにとっては，自分の到達度や，これからすべきことなどを理解するめあてともなります。このように考えると，学習の評価は日々の授業の際に行われるものであると言えます。それでは，様々な評価について考えていきます。

1.1　診断的評価とは何か

　まず，学習を行う前に，学習対象に対して子どもがどのような認識をしているのかを確認する必要があります。それは効果的に授業を進めていくためです。そのための評価を，診断的評価といいます。これから学習する内容に対して，子どもは何を求めているのか，子どもが生活する地域社会では何が求められているのかなどをあらかじめ教師が把握することにより，どのような資料をもとにして教材や単元の開発や指導計画を作成するのか，主発問は何にするのか，子どもは何を問題として立ち上げるのだろうかなどを考えることができます。

　もし，診断的評価をおこない，子どものレディネス（学ぶ準備が整う状態）が不十分であると考えられる場合は，指導内容の前提となる知識について補習することもあります。他にも，学習内容に資料を追加して，子どもが理解しやすいように試みます。

　では，診断的評価の方法にはどのようなものがあるのでしょうか。例えば，子どもと面接をして既知の内容を明らかにしたり，子どもを観察して何に興味や関心があるのかを把握したりします。

1.2　形成的評価とは何か

　次に，単元や各時間の授業を展開している中で，その進行状況や子どもの理解の状態などを把握し，指導方針を再確認，再構築します。そのための評価を，形成的評価といいます。

　綿密な単元計画を立てたり，指導案を作成したりしても授業はその通り進むとは限りません。むしろ，教師の思い通りに授業が進むことの方が少ないのかもしれません。それは，診断的評価がずれていたのかもしれませんし，あるいは授業を進める中で，子どもが新たな問題に気がついたのかもしれません。そこで，新たに指導方針を考えなければなりません。形成的評価は，そのために必要な評価です。

　では，形成的評価の方法にはどのようなものがあるのでしょうか。例えば，子どもが板書をうつしたり，考えをまとめたりしたノートやワークシートを集めて確認することや，授業の中で形成的評価を行えるような発問を意図的に行いその応答から評価することがあります。

　ただし，形成的評価を行う上で大切なことがあります。それは，その単元などの学習の目的や目標が教師の中で明確になっていなければならないということです。もし明確に定まっていないと，形成的評価は曖昧なものに陥ることが考えられます。

1.3　総括的評価とは何か

　最後に，単元や学期全体の学習により，子どもがどれだけ目標を達成できたのかを確認します。そのための評価を，総括的評価といいます。

　では，総括的評価の方法にはどのようなものがあるのでしょうか。もっとも代表的な総括的評価はテストです。それにより，目標に対する学習の成果を知ることができます。テスト以外にも，作品を作ることなども考えられます。地図や統計グラフ，年表を作成することも考えられます。また，単元を通して学習した考えを文章にまとめることも総括的評価として行われることがあります。

1.4　評価規準と評価基準の違いと評定

　さらに，これまでに述べた3つの評価を，具体的にどこで活用するのかと

いう観点から述べていきます。まず，評価規準と評価基準の違いを考えます。前者は，学習目標に対して何を評価するのかを明らかにするものです。後者は，学習目標に対して作成した評価規準にもとづいて，子どもの学習がどの程度到達できたのかを評価するものです。前者は質的な尺度をもった評価であり，それに対して後者は量的な尺度をもった評価に区分されます。

　では，どのように評価するのでしょうか。まず，評価規準を作成します。基本的には，学習指導要領にある各教科の内容ごとに示された育成を目指す資質・能力の具体的な中身である「知識及び技能」，「思考力，判断力，表現力等」，「学びに向かう力，人間性等」の3つの観点をもとにして作成します。この資質・能力と3つの観点，そしてその関係性については第2章で説明しました。この評価規準の作成にあたっては，診断的評価により子どもの実態を踏まえる必要もあります。次に，その評価規準をどの程度達成したのかという量的な尺度である評価基準（具体的な評価規準）を作成します。

　第3学年及び第4学年に社会科の学習において身近な地域などを学習する場合を例にして考えてみます。観点として技能を例にした場合に，「身近な地域の学習で調べたことを主な地図記号や四方位などを用いて絵地図や白地図などにまとめることができる。」とするのが評価規準です。それにもとづいて，評価基準（具体的な評価規準）は，到達の程度に応じて「おおむね満足できる」状況と判断されるものをBとします。例えば，「地図記号を3個，且つ，四方位を用いて絵地図や白地図にあらわすことができる。」などがBの評価基準になります。もちろん予め決めておく必要があります。さらに，「十分満足できる」状況と判断されるものをAとします。これは，Bとして定めた評価基準を超えた場合にあたります。そして，Bとして定めた評価基準に達することができず「努力を要する」状況と判断されるものをCとします。なお，Cと判断された場合は，Bに達するような具体的な手立てを要します。このような評価は，子どもの実態に応じて授業改善を行うために単元などの途中で行う形成的評価や，総括的評価として学習の到達を測定するこ

とができます。そして，このような評価の結果をまとめ数値化することにより，最終的な評定結果を算出することができます。

1.5　評価をする上で大切なこと

評価は，2つの視点から考えなければなりません。それは，子どもの視点と教師の視点です。

まず，子どもの視点とは，次のように考えられます。それは，評価を受けた子どもが自らの学習を振り返り，次の学習に向かうめあてが明確になるということです。子ども自身が学習したことの意義や価値を実感できれば，次の目標や課題をもつことが可能になります。そのためには，他者と比較するのではなく，子ども一人ひとりのもつ良い点や可能性，学習目標に対する達成の程度などを，個別に且つ長期にわたって評価する必要があります。そこで，教師による評価だけでなく，子ども自身の自己評価や相互評価などを活用することも考えられます。

次に，教師の視点については，次のように考えられます。評価により，子どもにどういった力が身に付いたかという学習の成果，達成状況を的確に捉え，教師がこれまでの指導を反省的に考察し，これからの指導の改善を図ることが求められます。日々変化する子どもの実態を確実に捉えるためにも，評価を効果的に行う必要があります。なお，評価は学習目標にもとづいて規準や基準を作成して行いますが，一貫性が求められます。また評価には客観性や公平性も求められます。そこでは，誰が評価してもその判断がほぼ同じであることや，子どもが何を評価されているのかを理解する必要があります。そのためには，評価を行う内容や方法が適正であることが必要です。つまり，評価の妥当性と信頼性を考えなければなりません。さらに言えば，学習目標への到達度を評価した際に，そこに達することができなかった子どもに対して，どのように学力を保証していくことができるかも考えなければなりません。子どもを評価することであらわれてくる結果は，教師の教育の成果その

ものを反映していることを常に考え，日々の授業改善に取り組んでいくこと
が求められます。

2　これからの評価

　本書の全体を通して述べてきたように，これからの社会科は子どもの資
質・能力の育成のために学習目標や活動が変化するところがありました。特
に，子どもの思考力や判断力などの資質・能力を効果的に育み，それを評価
する必要があります。これらは，従来のテストだけでは測定することが困難
なものです。そこで，資質・能力を効果的に育むために活用することが考え
られるいくつかの評価の方法について述べていきます。なお，ここではパフ
ォーマンス評価とルーブリック評価について述べていきます。

2.1　パフォーマンス評価について

　パフォーマンス評価では，例えば，知識や技能がどのように身についてい
るのかを測定するために，実際に活用させて評価します。よって，評価の方
法は，活動に対する観察や面接・対話による評価，レポートや作品の作成，
スピーチやプレゼンテーションなどを行います。また，パフォーマンス評価
は，ひとつのレポートなどで評価するのではありません。レポート作成のた
めの調査や，グループでの話し合い活動も評価の対象にすることも考えられ
ます。さらに言えば，完成したレポートをもとにして，他者に分かりやすく
伝えるプレゼンテーションを行わせ，それを評価することも考えられます。
そのような意味では，子どもの学習の過程全体を評価するものです。なお，
学習の過程や成果を示すような記録を蓄積するためにポートフォリオなどを
作成させることもあります。一般的なポートフォリオの形式は，クリアポケ
ットファイルやスクラップブックなどに，それまでに行った学習の成果とな
る資料やワークシートなどを収めたものです。授業ごとなどで追加されてい
くものであることから，子どもも教師も学習の成果を確認しやすくなるもの

です。そのポートフォリオを学習の途中で評価することは，子どもの形成的評価を行うことでもあり，授業改善にも活用することができます。

　また，パフォーマンス評価をよりよいものにするには，教師が質の高い問いや課題を子どもに対してどのように与えるのかが大切です。診断的評価により子ども理解を進めるとともに，学習する内容に対して教師自身が深い理解をしておかなければなりません。

2.2　ルーブリック評価について

　パフォーマンス評価，あるいはポートフォリオなどを評価する際などに用いられるものがルーブリック評価です。ルーブリック評価とは，子どもが何を学習するのかを示した評価規準と，それに対してどこまで到達しているのかを示す評価基準（具体的な評価規準）が組み合わされたものであり，この評価基準表をルーブリックと呼んでいます。

　ルーブリックを活用した，具体的な評価方法を考えてみます。先ほど使用した「身近な地域の学習で調べたことを主な地図記号や四方位などを用いて絵地図や白地図などにまとめることができる。」をもとにして考えてみます。また，その絵地図や白地図を使って，調べたことを発表する表現力についても加味したいと思います。

表15-1　ルーブリック評価表例

	A 「十分満足できる」	B 「おおむね満足できる」	C 「努力を要する」
身近な地域の学習で調べたことを主な地図記号や四方位などを用いて絵地図や白地図などにまとめることができる。（技能）	地図記号を4個以上，かつ，四方位を用いて絵地図や白地図にあらわすことができる。	地図記号を3個，かつ，四方位を用いて絵地図や白地図にあらわすことができる。	絵地図や白地図に，地図記号を2個以下しか用いることができない。または，四方位を用いて表すことができない。
作成した絵地図や白地図を用いて，身近な地域について調べた内容を発表することができる。（表現力）	作成した絵地図や白地図にある地図記号や四方位を用いながら，身近な地域について調べた内容を，それぞれの位置関係もふまえてわかりやすく発表することができる。	作成した絵地図や白地図にある地図記号や四方位を用いながら，身近な地域について調べた内容をわかりやすく発表することができる。	作成した絵地図や白地図を使用しているが，地図記号や四方位を用いてわかりやすく発表できない。

（中平作成）

　このように，ルーブリックを用いた評価は，何をどこまで学習させるのかが明確であることから，教師が授業を組み立てる際に役立つことが考えられます。また，ルーブリックに照らし合わせることにより，誰が評価しても変わらない客観的な評価を行うことも可能になります。そのような意味では，子どもやその保護者に対して説明責任を担保することにもつながります。また，学習目標を常に意識しながら評価することができます。なお，作成したルーブリック評価表を授業のはじめの段階で子どもと共有することにより，子ども自身も何をどこまで学習すればよいのかといった目標を明確化しやすくなることが考えられます。

　また，ルーブリック評価表ははじめに作成したら終わりというわけではありません。発表を子どもと振り返り，何ができて，何ができなかったのかを明らかにして新たなルーブリックを作成することも考えられます。例えば，

子どもから「時間内に発表できない人が多く見られた。」という意見があった場合は，表現力を評価するルーブリックの中に，「時間内に発表する。」を加えることも考えられます。このようにルーブリックの作成に子どもが関わることにより，形成的評価としてもよりよく活用することができます。

　評価は，子どもと教師の2つの視点から行う意味と意義があることを述べました。その両方の視点を意識することにより，すべての子どもが個に応じて力を育むことができるような授業を展開していきましょう。

(参考文献)

棚橋健治（2012）：診断・形成・総括的評価. 日本社会科教育学会編『新版　社会科教育事典』ぎょうせい，pp. 272-273.

ダニエル・スティーブンス，アントニア・レビ著，佐藤浩章監訳，井上敏憲，保野秀典訳（2014）：『大学教員のためのルーブリック評価入門』玉川大学出版部.

西岡加名恵，田中耕治編著（2009）：『「活用する力」を育てる授業と評価　中学校』学事出版.

三藤あさみ，西岡加名恵（2010）：『パフォーマンス評価にどう取り組むか―中学校社会科のカリキュラムと授業づくり―』日本標準.

文部科学省（2017）：『小学校学習指導要領（平成29年告示）解説　総則編』東洋館出版社.

（中平一義）

資　　料

2017（平成29）年版小学校学習指導要領
「総則」
「社会」

小学校学習指導要領　第1章　総則

第1　小学校教育の基本と教育課程の役割

1　各学校においては，教育基本法及び学校教育法その他の法令並びにこの章以下に示すところに従い，児童の人間として調和のとれた育成を目指し，児童の心身の発達の段階や特性及び学校や地域の実態を十分考慮して，適切な教育課程を編成するものとし，これらに掲げる目標を達成するよう教育を行うものとする。

2　学校の教育活動を進めるに当たっては，各学校において，第3の1に示す主体的・対話的で深い学びの実現に向けた授業改善を通して，創意工夫を生かした特色ある教育活動を展開する中で，次の(1)から(3)までに掲げる事項の実現を図り，児童に生きる力を育むことを目指すものとする。

(1)　基礎的・基本的な知識及び技能を確実に習得させ，これらを活用して課題を解決するために必要な思考力，判断力，表現力等を育むとともに，主体的に学習に取り組む態度を養い，個性を生かし多様な人々との協働を促す教育の充実に努めること。その際，児童の発達の段階を考慮して，児童の言語活動など，学習の基盤をつくる活

動を充実するとともに，家庭との連携を図りながら，児童の学習習慣が確立するよう配慮すること。

(2)　道徳教育や体験活動，多様な表現や鑑賞の活動等を通して，豊かな心や創造性の涵養を目指した教育の充実に努めること。

学校における道徳教育は，特別の教科である道徳（以下「道徳科」という。）を要として学校の教育活動全体を通じて行うものであり，道徳科はもとより，各教科，外国語活動，総合的な学習の時間及び特別活動のそれぞれの特質に応じて，児童の発達の段階を考慮して，適切な指導を行うこと。

道徳教育は，教育基本法及び学校教育法に定められた教育の根本精神に基づき，自己の生き方を考え，主体的な判断の下に行動し，自立した人間として他者と共によりよく生きるための基盤となる道徳性を養うことを目標とすること。

道徳教育を進めるに当たっては，人間尊重の精神と生命に対する畏敬の念を家庭，学校，その他社会における具体的な生活の中に生かし，豊かな心をもち，伝統と文化を尊重し，それらを育んできた我が国と郷土を愛し，個性豊かな文

化の創造を図るとともに，平和で民主的な国家及び社会の形成者として，公共の精神を尊び，社会及び国家の発展に努め，他国を尊重し，国際社会の平和と発展や環境の保全に貢献し未来を拓く主体性のある日本人の育成に資することとなるよう特に留意すること。

(3)　学校における体育・健康に関する指導を，児童の発達の段階を考慮して，学校の教育活動全体を通じて適切に行うことにより，健康で安全な生活と豊かなスポーツライフの実現を目指した教育の充実に努めること。特に，学校における食育の推進並びに体力の向上に関する指導，安全に関する指導及び心身の健康の保持増進に関する指導については，体育科，家庭科及び特別活動の時間はもとより，各教科，道徳科，外国語活動及び総合的な学習の時間などにおいてもそれぞれの特質に応じて適切に行うよう努めること。また，それらの指導を通して，家庭や地域社会との連携を図りながら，日常生活において適切な体育・健康に関する活動の実践を促し，生涯を通じて健康・安全で活力ある生活を送るための基礎が培われるよう配慮すること。

3　2の(1)から(3)までに掲げる事項の実現を図り，豊かな創造性を備え持

続可能な社会の創り手となることが期待される児童に，生きる力を育むことを目指すに当たっては，学校教育全体並びに各教科，道徳科，外国語活動，総合的な学習の時間及び特別活動（以下「各教科等」という。ただし，第2の3の(2)のア及びウにおいて，特別活動については学級活動（学校給食に係るものを除く。）に限る。）の指導を通してどのような資質・能力の育成を目指すのかを明確にしながら，教育活動の充実を図るものとする。その際，児童の発達の段階や特性等を踏まえつつ，次に掲げることが偏りなく実現できるようにするものとする。

(1)　知識及び技能が習得されるようにすること。

(2)　思考力，判断力，表現力等を育成すること。

(3)　学びに向かう力，人間性等を涵養すること。

4　各学校においては，児童や学校，地域の実態を適切に把握し，教育の目的や目標の実現に必要な教育の内容等を教科等横断的な視点で組み立てていくこと，教育課程の実施状況を評価してその改善を図っていくこと，教育課程の実施に必要な人的又は物的な体制を確保するとともにその改善を図っていくことなどを通して，教育課程に基づき組織的かつ計画的に各学校の教育活動の質の向上

を図っていくこと（以下「カリキュラム・マネジメント」という。）に努めるものとする。

第2　教育課程の編成

1　各学校の教育目標と教育課程の編成

　　教育課程の編成に当たっては，学校教育全体や各教科等における指導を通して育成を目指す資質・能力を踏まえつつ，各学校の教育目標を明確にするとともに，教育課程の編成についての基本的な方針が家庭や地域とも共有されるよう努めるものとする。その際，第5章総合的な学習の時間の第2の1に基づき定められる目標との関連を図るものとする。

2　教科等横断的な視点に立った資質・能力の育成

　⑴　各学校においては，児童の発達の段階を考慮し，言語能力，情報活用能力（情報モラルを含む。），問題発見・解決能力等の学習の基盤となる資質・能力を育成していくことができるよう，各教科等の特質を生かし，教科等横断的な視点から教育課程の編成を図るものとする。

　⑵　各学校においては，児童や学校，地域の実態及び児童の発達の段階を考慮し，豊かな人生の実現や災害等を乗り越えて次代の社会を形成することに向けた現代的な諸課題に対応して求められる資質・能力を，教科等横断的な視点で育成していくことができるよう，各学校の特色を生かした教育課程の編成を図るものとする。

3　教育課程の編成における共通的事項

　⑴　内容等の取扱い

　　ア　第2章以下に示す各教科，道徳科，外国語活動及び特別活動の内容に関する事項は，特に示す場合を除き，いずれの学校においても取り扱わなければならない。

　　イ　学校において特に必要がある場合には，第2章以下に示していない内容を加えて指導することができる。また，第2章以下に示す内容の取扱いのうち内容の範囲や程度等を示す事項は，全ての児童に対して指導するものとする内容の範囲や程度等を示したものであり，学校において特に必要がある場合には，この事項にかかわらず加えて指導することができる。ただし，これらの場合には，第2章以下に示す各教科，道徳科，外国語活動及び特別活動の目標や内容の趣旨を逸脱したり，児童の負担過重となったりすることのないようにしなければならない。

　　ウ　第2章以下に示す各教科，道徳科，外国語活動及び特別活動

の内容に掲げる事項の順序は，特に示す場合を除き，指導の順序を示すものではないので，学校においては，その取扱いについて適切な工夫を加えるものとする。

エ　学年の内容を2学年まとめて示した教科及び外国語活動の内容は，2学年間かけて指導する事項を示したものである。各学校においては，これらの事項を児童や学校，地域の実態に応じ，2学年間を見通して計画的に指導することとし，特に示す場合を除き，いずれかの学年に分けて，又はいずれの学年においても指導するものとする。

オ　学校において2以上の学年の児童で編制する学級について特に必要がある場合には，各教科及び道徳科の目標の達成に支障のない範囲内で，各教科及び道徳科の目標及び内容について学年別の順序によらないことができる。

カ　道徳科を要として学校の教育活動全体を通じて行う道徳教育の内容は，第3章特別の教科道徳の第2に示す内容とし，その実施に当たっては，第6に示す道徳教育に関する配慮事項を踏まえるものとする。

(2)　授業時数等の取扱い

ア　各教科等の授業は，年間35週（第1学年については34週）以上にわたって行うよう計画し，週当たりの授業時数が児童の負担過重にならないようにするものとする。ただし，各教科等や学習活動の特質に応じ効果的な場合には，夏季，冬季，学年末等の休業日の期間に授業日を設定する場合を含め，これらの授業を特定の期間に行うことができる。

イ　特別活動の授業のうち，児童会活動，クラブ活動及び学校行事については，それらの内容に応じ，年間，学期ごと，月ごとなどに適切な授業時数を充てるものとする。

ウ　各学校の時間割については，次の事項を踏まえ適切に編成するものとする。

(ｱ)　各教科等のそれぞれの授業の1単位時間は，各学校において，各教科等の年間授業時数を確保しつつ，児童の発達の段階及び各教科等や学習活動の特質を考慮して適切に定めること。

(ｲ)　各教科等の特質に応じ，10分から15分程度の短い時間を活用して特定の教科等の指導を行う場合において，教師が，単元や題材など内容や時間の

まとまりを見通した中で，その指導内容の決定や指導の成果の把握と活用等を責任をもって行う体制が整備されているときは，その時間を当該教科等の年間授業時数に含めることができること。

　㋑　給食，休憩などの時間については，各学校において工夫を加え，適切に定めること。

　㋒　各学校において，児童や学校，地域の実態，各教科等や学習活動の特質等に応じて，創意工夫を生かした時間割を弾力的に編成できること。

エ　総合的な学習の時間における学習活動により，特別活動の学校行事に掲げる各行事の実施と同様の成果が期待できる場合においては，総合的な学習の時間における学習活動をもって相当する特別活動の学校行事に掲げる各行事の実施に替えることができる。

⑶　指導計画の作成等に当たっての配慮事項

　各学校においては，次の事項に配慮しながら，学校の創意工夫を生かし，全体として，調和のとれた具体的な指導計画を作成するものとする。

ア　各教科等の指導内容については，⑴のアを踏まえつつ，単元

や題材など内容や時間のまとまりを見通しながら，そのまとめ方や重点の置き方に適切な工夫を加え，第3の1に示す主体的・対話的で深い学びの実現に向けた授業改善を通して資質・能力を育む効果的な指導ができるようにすること。

イ　各教科等及び各学年相互間の関連を図り，系統的，発展的な指導ができるようにすること。

ウ　学年の内容を2学年まとめて示した教科及び外国語活動については，当該学年間を見通して，児童や学校，地域の実態に応じ，児童の発達の段階を考慮しつつ，効果的，段階的に指導するようにすること。

エ　児童の実態等を考慮し，指導の効果を高めるため，児童の発達の段階や指導内容の関連性等を踏まえつつ，合科的・関連的な指導を進めること。

4　学校段階等間の接続

　教育課程の編成に当たっては，次の事項に配慮しながら，学校段階等間の接続を図るものとする。

⑴　幼児期の終わりまでに育ってほしい姿を踏まえた指導を工夫することにより，幼稚園教育要領等に基づく幼児期の教育を通して育まれた資質・能力を踏まえて教育活動を実施し，児童が主体的に自己

を発揮しながら学びに向かうこと
が可能となるようにすること。

　また，低学年における教育全体
において，例えば生活科において
育成する自立し生活を豊かにして
いくための資質・能力が，他教科
等の学習においても生かされるよ
うにするなど，教科等間の関連を
積極的に図り，幼児期の教育及び
中学年以降の教育との円滑な接続
が図られるよう工夫すること。特
に，小学校入学当初においては，
幼児期において自発的な活動とし
ての遊びを通して育まれてきたこ
とが，各教科等における学習に円
滑に接続されるよう，生活科を中
心に，合科的・関連的な指導や弾
力的な時間割の設定など，指導の
工夫や指導計画の作成を行うこと。

(2)　中学校学習指導要領及び高等学
校学習指導要領を踏まえ，中学校
教育及びその後の教育との円滑な
接続が図られるよう工夫すること。
特に，義務教育学校，中学校連携
型小学校及び中学校併設型小学校
においては，義務教育9年間を見
通した計画的かつ継続的な教育課
程を編成すること。

第3　教育課程の実施と学習評価

1　主体的・対話的で深い学びの実現
に向けた授業改善
　各教科等の指導に当たっては，次
の事項に配慮するものとする。

(1)　第1の3の(1)から(3)までに示すこ
とが偏りなく実現されるよう，単元
や題材など内容や時間のまとまりを
見通しながら，児童の主体的・対話
的で深い学びの実現に向けた授業改
善を行うこと。

　特に，各教科等において身に付け
た知識及び技能を活用したり，思考
力，判断力，表現力等や学びに向か
う力，人間性等を発揮させたりして，
学習の対象となる物事を捉え思考す
ることにより，各教科等の特質に応
じた物事を捉える視点や考え方（以
下「見方・考え方」という。）が鍛
えられていくことに留意し，児童が
各教科等の特質に応じた見方・考え
方を働かせながら，知識を相互に関
連付けてより深く理解したり，情報
を精査して考えを形成したり，問題
を見いだして解決策を考えたり，思
いや考えを基に創造したりすること
に向かう過程を重視した学習の充実
を図ること。

(2)　第2の2の(1)に示す言語能力の
育成を図るため，各学校において
必要な言語環境を整えるとともに，
国語科を要としつつ各教科等の特
質に応じて，児童の言語活動を充
実すること。あわせて，(7)に示す
とおり読書活動を充実すること。

(3)　第2の2の(1)に示す情報活用能
力の育成を図るため，各学校にお
いて，コンピュータや情報通信ネ

ットワークなどの情報手段を活用するために必要な環境を整え，これらを適切に活用した学習活動の充実を図ること。また，各種の統計資料や新聞，視聴覚教材や教育機器などの教材・教具の適切な活用を図ること。

　あわせて，各教科等の特質に応じて，次の学習活動を計画的に実施すること。

　ア　児童がコンピュータで文字を入力するなどの学習の基盤として必要となる情報手段の基本的な操作を習得するための学習活動

　イ　児童がプログラミングを体験しながら，コンピュータに意図した処理を行わせるために必要な論理的思考力を身に付けるための学習活動

(4)　児童が学習の見通しを立てたり学習したことを振り返ったりする活動を，計画的に取り入れるように工夫すること。

(5)　児童が生命の有限性や自然の大切さ，主体的に挑戦してみることや多様な他者と協働することの重要性などを実感しながら理解することができるよう，各教科等の特質に応じた体験活動を重視し，家庭や地域社会と連携しつつ体系的・継続的に実施できるよう工夫すること。

(6)　児童が自ら学習課題や学習活動を選択する機会を設けるなど，児童の興味・関心を生かした自主的，自発的な学習が促されるよう工夫すること。

(7)　学校図書館を計画的に利用しその機能の活用を図り，児童の主体的・対話的で深い学びの実現に向けた授業改善に生かすとともに，児童の自主的，自発的な学習活動や読書活動を充実すること。また，地域の図書館や博物館，美術館，劇場，音楽堂等の施設の活用を積極的に図り，資料を活用した情報の収集や鑑賞等の学習活動を充実すること。

2　学習評価の充実

　学習評価の実施に当たっては，次の事項に配慮するものとする。

(1)　児童のよい点や進歩の状況などを積極的に評価し，学習したことの意義や価値を実感できるようにすること。また，各教科等の目標の実現に向けた学習状況を把握する観点から，単元や題材など内容や時間のまとまりを見通しながら評価の場面や方法を工夫して，学習の過程や成果を評価し，指導の改善や学習意欲の向上を図り，資質・能力の育成に生かすようにすること。

(2)　創意工夫の中で学習評価の妥当性や信頼性が高められるよう，組織的かつ計画的な取組を推進する

とともに，学年や学校段階を越え
て児童の学習の成果が円滑に接続
されるように工夫すること。

第4 児童の発達の支援

1 児童の発達を支える指導の充実
　教育課程の編成及び実施に当たっ
ては，次の事項に配慮するものとす
る。

(1) 学習や生活の基盤として，教師
と児童との信頼関係及び児童相互
のよりよい人間関係を育てるため，
日頃から学級経営の充実を図るこ
と。また，主に集団の場面で必要
な指導や援助を行うガイダンスと，
個々の児童の多様な実態を踏まえ，
一人一人が抱える課題に個別に対
応した指導を行うカウンセリング
の双方により，児童の発達を支援
すること。

　あわせて，小学校の低学年，中
学年，高学年の学年の時期の特長
を生かした指導の工夫を行うこと。

(2) 児童が，自己の存在感を実感し
ながら，よりよい人間関係を形成
し，有意義で充実した学校生活を
送る中で，現在及び将来における
自己実現を図っていくことができ
るよう，児童理解を深め，学習指
導と関連付けながら，生徒指導の
充実を図ること。

(3) 児童が，学ぶことと自己の将来
とのつながりを見通しながら，社
会的・職業的自立に向けて必要な

基盤となる資質・能力を身に付け
ていくことができるよう，特別活
動を要としつつ各教科等の特質に
応じて，キャリア教育の充実を図
ること。

(4) 児童が，基礎的・基本的な知識
及び技能の習得も含め，学習内容
を確実に身に付けることができる
よう，児童や学校の実態に応じ，
個別学習やグループ別学習，繰り
返し学習，学習内容の習熟の程度
に応じた学習，児童の興味・関心
等に応じた課題学習，補充的な学
習や発展的な学習などの学習活動
を取り入れることや，教師間の協
力による指導体制を確保すること
など，指導方法や指導体制の工夫
改善により，個に応じた指導の充
実を図ること。その際，第3の1
の(3)に示す情報手段や教材・教具
の活用を図ること。

2 特別な配慮を必要とする児童への
指導

(1) 障害のある児童などへの指導

ア 障害のある児童などについて
は，特別支援学校等の助言又は
援助を活用しつつ，個々の児童
の障害の状態等に応じた指導内
容や指導方法の工夫を組織的か
つ計画的に行うものとする。

イ 特別支援学級において実施す
る特別の教育課程については，
次のとおり編成するものとする。

(ア)　障害による学習上又は生活上の困難を克服し自立を図るため，特別支援学校小学部・中学部学習指導要領第7章に示す自立活動を取り入れること。

(イ)　児童の障害の程度や学級の実態等を考慮の上，各教科の目標や内容を下学年の教科の目標や内容に替えたり，各教科を，知的障害者である児童に対する教育を行う特別支援学校の各教科に替えたりするなどして，実態に応じた教育課程を編成すること。

ウ　障害のある児童に対して，通級による指導を行い，特別の教育課程を編成する場合には，特別支援学校小学部・中学部学習指導要領第7章に示す自立活動の内容を参考とし，具体的な目標や内容を定め，指導を行うものとする。その際，効果的な指導が行われるよう，各教科等と通級による指導との関連を図るなど，教師間の連携に努めるものとする。

エ　障害のある児童などについては，家庭，地域及び医療や福祉，保健，労働等の業務を行う関係機関との連携を図り，長期的な視点で児童への教育的支援を行うために，個別の教育支援計画を作成し活用することに努めるとともに，各教科等の指導に当たって，個々の児童の実態を的確に把握し，個別の指導計画を作成し活用することに努めるものとする。特に，特別支援学級に在籍する児童や通級による指導を受ける児童については，個々の児童の実態を的確に把握し，個別の教育支援計画や個別の指導計画を作成し，効果的に活用するものとする。

(2)　海外から帰国した児童などの学校生活への適応や，日本語の習得に困難のある児童に対する日本語指導

ア　海外から帰国した児童などについては，学校生活への適応を図るとともに，外国における生活経験を生かすなどの適切な指導を行うものとする。

イ　日本語の習得に困難のある児童については，個々の児童の実態に応じた指導内容や指導方法の工夫を組織的かつ計画的に行うものとする。特に，通級による日本語指導については，教師間の連携に努め，指導についての計画を個別に作成することなどにより，効果的な指導に努めるものとする。

(3)　不登校児童への配慮

ア　不登校児童については，保護

者や関係機関と連携を図り，心理や福祉の専門家の助言又は援助を得ながら，社会的自立を目指す観点から，個々の児童の実態に応じた情報の提供その他の必要な支援を行うものとする。

イ　相当の期間小学校を欠席し引き続き欠席すると認められる児童を対象として，文部科学大臣が認める特別の教育課程を編成する場合には，児童の実態に配慮した教育課程を編成するとともに，個別学習やグループ別学習など指導方法や指導体制の工夫改善に努めるものとする。

第5　学校運営上の留意事項

1　教育課程の改善と学校評価等

ア　各学校においては，校長の方針の下に，校務分掌に基づき教職員が適切に役割を分担しつつ，相互に連携しながら，各学校の特色を生かしたカリキュラム・マネジメントを行うよう努めるものとする。また，各学校が行う学校評価については，教育課程の編成，実施，改善が教育活動や学校運営の中核となることを踏まえ，カリキュラム・マネジメントと関連付けながら実施するよう留意するものとする。

イ　教育課程の編成及び実施に当たっては，学校保健計画，学校安全計画，食に関する指導の全体計画，いじめの防止等のための対策に関する基本的な方針など，各分野における学校の全体計画等と関連付けながら，効果的な指導が行われるように留意するものとする。

2　家庭や地域社会との連携及び協働と学校間の連携

教育課程の編成及び実施に当たっては，次の事項に配慮するものとする。

ア　学校がその目的を達成するため，学校や地域の実態等に応じ，教育活動の実施に必要な人的又は物的な体制を家庭や地域の人々の協力を得ながら整えるなど，家庭や地域社会との連携及び協働を深めること。また，高齢者や異年齢の子供など，地域における世代を越えた交流の機会を設けること。

イ　他の小学校や，幼稚園，認定こども園，保育所，中学校，高等学校，特別支援学校などとの間の連携や交流を図るとともに，障害のある幼児児童生徒との交流及び共同学習の機会を設け，共に尊重し合いながら協働して生活していく態度を育むようにすること。

第6　道徳教育に関する配慮事項

道徳教育を進めるに当たっては，道徳教育の特質を踏まえ，前項まで

に示す事項に加え，次の事項に配慮
するものとする。

1　各学校においては，第1の2の(2)
に示す道徳教育の目標を踏まえ，道
徳教育の全体計画を作成し，校長の
方針の下に，道徳教育の推進を主に
担当する教師（以下「道徳教育推進
教師」という。）を中心に，全教師
が協力して道徳教育を展開すること。
なお，道徳教育の全体計画の作成に
当たっては，児童や学校，地域の実
態を考慮して，学校の道徳教育の重
点目標を設定するとともに，道徳科
の指導方針，第3章特別の教科道徳
の第2に示す内容との関連を踏まえ
た各教科，外国語活動，総合的な学
習の時間及び特別活動における指導
の内容及び時期並びに家庭や地域社
会との連携の方法を示すこと。

2　各学校においては，児童の発達の
段階や特性等を踏まえ，指導内容の
重点化を図ること。その際，各学年
を通じて，自立心や自律性，生命を
尊重する心や他者を思いやる心を育
てることに留意すること。また，各
学年段階においては，次の事項に留
意すること。

(1)　第1学年及び第2学年においては，
挨拶などの基本的な生活習慣を身に
付けること，善悪を判断し，しては
ならないことをしないこと，社会生
活上のきまりを守ること。

(2)　第3学年及び第4学年においては，
善悪を判断し，正しいと判断したこ
とを行うこと，身近な人々と協力し
助け合うこと，集団や社会のきまり
を守ること。

(3)　第5学年及び第6学年においては，
相手の考え方や立場を理解して支え
合うこと，法やきまりの意義を理解
して進んで守ること，集団生活の充
実に努めること，伝統と文化を尊重
し，それらを育んできた我が国と郷
土を愛するとともに，他国を尊重す
ること。

3　学校や学級内の人間関係や環境を
整えるとともに，集団宿泊活動やボ
ランティア活動，自然体験活動，地
域の行事への参加などの豊かな体験
を充実すること。また，道徳教育の
指導内容が，児童の日常生活に生か
されるようにすること。その際，い
じめの防止や安全の確保等にも資す
ることとなるよう留意すること。

4　学校の道徳教育の全体計画や道徳
教育に関する諸活動などの情報を積
極的に公表したり，道徳教育の充実
のために家庭や地域の人々の積極的
な参加や協力を得たりするなど，家
庭や地域社会との共通理解を深め，
相互の連携を図ること。

小学校学習指導要領　第2章　第2節　社会

第1　目　標

社会的な見方・考え方を働かせ，課題を追究したり解決したりする活動を通して，グローバル化する国際社会に主体的に生きる平和で民主的な国家及び社会の形成者に必要な公民としての資質・能力の基礎を次のとおり育成することを目指す。

(1)　地域や我が国の国土の地理的環境，現代社会の仕組みや働き，地域や我が国の歴史や伝統と文化を通して社会生活について理解するとともに，様々な資料や調査活動を通して情報を適切に調べまとめる技能を身に付けるようにする。

(2)　社会的事象の特色や相互の関連，意味を多角的に考えたり，社会に見られる課題を把握して，その解決に向けて社会への関わり方を選択・判断したりする力，考えたことや選択・判断したことを適切に表現する力を養う。

(3)　社会的事象について，よりよい社会を考え主体的に問題解決しようとする態度を養うとともに，多角的な思考や理解を通して，地域社会に対する誇りと愛情，地域社会の一員としての自覚，我が国の国土と歴史に対する愛情，我が国の将来を担う国民としての自覚，

世界の国々の人々と共に生きていくことの大切さについての自覚などを養う。

第2　各学年の目標及び内容

〔第3学年〕

1　目　標

社会的事象の見方・考え方を働かせ，学習の問題を追究・解決する活動を通して，次のとおり資質・能力を育成することを目指す。

(1)　身近な地域や市区町村の地理的環境，地域の安全を守るための諸活動や地域の産業と消費生活の様子，地域の様子の移り変わりについて，人々の生活との関連を踏まえて理解するとともに，調査活動，地図帳や各種の具体的資料を通して，必要な情報を調べまとめる技能を身に付けるようにする。

(2)　社会的事象の特色や相互の関連，意味を考える力，社会に見られる課題を把握して，その解決に向けて社会への関わり方を選択・判断する力，考えたことや選択・判断したことを表現する力を養う。

(3)　社会的事象について，主体的に学習の問題を解決しようとする態度や，よりよい社会を考え学習したことを社会生活に生かそうとする態度を養うとともに，思考や理

解を通して，地域社会に対する誇りと愛情，地域社会の一員としての自覚を養う。

2　内　容

(1)　身近な地域や市区町村（以下第2章第2節において「市」という。）の様子について，学習の問題を追究・解決する活動を通して，次の事項を身に付けることができるよう指導する。

　　ア　次のような知識及び技能を身に付けること。

　　　(ｱ)　身近な地域や自分たちの市の様子を大まかに理解すること。

　　　(ｲ)　観察・調査したり地図などの資料で調べたりして，白地図などにまとめること。

　　イ　次のような思考力，判断力，表現力等を身に付けること。

　　　(ｱ)　都道府県内における市の位置，市の地形や土地利用，交通の広がり，市役所など主な公共施設の場所と働き，古くから残る建造物の分布などに着目して，身近な地域や市の様子を捉え，場所による違いを考え，表現すること。

(2)　地域に見られる生産や販売の仕事について，学習の問題を追究・解決する活動を通して，次の事項を身に付けることができるよう指導する。

　　ア　次のような知識及び技能を身に付けること。

　　　(ｱ)　生産の仕事は，地域の人々の生活と密接な関わりをもって行われていることを理解すること。

　　　(ｲ)　販売の仕事は，消費者の多様な願いを踏まえ売り上げを高めるよう，工夫して行われていることを理解すること。

　　　(ｳ)　見学・調査したり地図などの資料で調べたりして，白地図などにまとめること。

　　イ　次のような思考力，判断力，表現力等を身に付けること。

　　　(ｱ)　仕事の種類や産地の分布，仕事の工程などに着目して，生産に携わっている人々の仕事の様子を捉え，地域の人々の生活との関連を考え，表現すること。

　　　(ｲ)　消費者の願い，販売の仕方，他地域や外国との関わりなどに着目して，販売に携わっている人々の仕事の様子を捉え，それらの仕事に見られる工夫を考え，表現すること。

(3)　地域の安全を守る働きについて，学習の問題を追究・解決する活動を通して，次の事項を身に付けることができるよう指導する。

　　ア　次のような知識及び技能を身に付けること。

(ア) 消防署や警察署などの関係
機関は，地域の安全を守るた
めに，相互に連携して緊急時
に対処する体制をとっている
ことや，関係機関が地域の
人々と協力して火災や事故な
どの防止に努めていることを
理解すること。

(イ) 見学・調査したり地図など
の資料で調べたりして，まと
めること。

イ 次のような思考力，判断力，
表現力等を身に付けること。

(ア) 施設・設備などの配置，緊
急時への備えや対応などに着
目して，関係機関や地域の
人々の諸活動を捉え，相互の
関連や従事する人々の働きを
考え，表現すること。

(4) 市の様子の移り変わりについて，
学習の問題を追究・解決する活動
を通して，次の事項を身に付ける
ことができるよう指導する。

ア 次のような知識及び技能を身
に付けること。

(ア) 市や人々の生活の様子は，
時間の経過に伴い，移り変わ
ってきたことを理解すること。

(イ) 聞き取り調査をしたり地図
などの資料で調べたりして，
年表などにまとめること。

イ 次のような思考力，判断力，
表現力等を身に付けること。

(ア) 交通や公共施設，土地利用
や人口，生活の道具などの時
期による違いに着目して，市
や人々の生活の様子を捉え，
それらの変化を考え，表現す
ること。

3 内容の取扱い

(1) 内容の(1)については，次のとお
り取り扱うものとする。

ア 学年の導入で扱うこととし，
アの(ア)については，「自分たち
の市」に重点を置くよう配慮す
ること。

イ アの(イ)については，「白地図
などにまとめる」際に，教科用
図書「地図」（以下第2章第2
節において「地図帳」という。）
を参照し，方位や主な地図記号
について扱うこと。

(2) 内容の(2)については，次のとお
り取り扱うものとする。

ア アの(ア)及びイの(ア)については，
事例として農家，工場などの中
から選択して取り上げるように
すること。

イ アの(イ)及びイの(イ)については，
商店を取り上げ，「他地域や外
国との関わり」を扱う際には，
地図帳などを使用して都道府県
や国の名称と位置などを調べる
ようにすること。

ウ イの(イ)については，我が国や
外国には国旗があることを理解

し，それを尊重する態度を養う
よう配慮すること。

(3)　内容の(3)については，次のとお
り取り扱うものとする。

ア　アの(ア)の「緊急時に対処する体
制をとっていること」と「防止に
努めていること」については，火
災と事故はいずれも取り上げるこ
と。その際，どちらかに重点を置
くなど効果的な指導を工夫するこ
と。

イ　イの(ア)については，社会生活を
営む上で大切な法やきまりについ
て扱うとともに，地域や自分自身
の安全を守るために自分たちにで
きることなどを考えたり選択・判
断したりできるよう配慮すること。

(4)　内容の(4)については，次のとお
り取り扱うものとする。

ア　アの(イ)の「年表などにまとめ
る」際には，時期の区分につい
て，昭和，平成など元号を用い
た言い表し方などがあることを
取り上げること。

イ　イの(ア)の「公共施設」につい
ては，市が公共施設の整備を進
めてきたことを取り上げること。
その際，租税の役割に触れるこ
と。

ウ　イの(ア)の「人口」を取り上げ
る際には，少子高齢化，国際化
などに触れ，これからの市の発
展について考えることができる

よう配慮すること。

〔第４学年〕

1　目　　標

社会的事象の見方・考え方を働か
せ，学習の問題を追究・解決する活
動を通して，次のとおり資質・能力
を育成することを目指す。

(1)　自分たちの都道府県の地理的環
境の特色，地域の人々の健康と生
活環境を支える働きや自然災害か
ら地域の安全を守るための諸活動，
地域の伝統と文化や地域の発展に
尽くした先人の働きなどについて，
人々の生活との関連を踏まえて理
解するとともに，調査活動，地図
帳や各種の具体的資料を通して，
必要な情報を調べまとめる技能を
身に付けるようにする。

(2)　社会的事象の特色や相互の関連，
意味を考える力，社会に見られる
課題を把握して，その解決に向け
て社会への関わり方を選択・判断
する力，考えたことや選択・判断
したことを表現する力を養う。

(3)　社会的事象について，主体的に
学習の問題を解決しようとする態
度や，よりよい社会を考え学習し
たことを社会生活に生かそうとす
る態度を養うとともに，思考や理
解を通して，地域社会に対する誇
りと愛情，地域社会の一員として
の自覚を養う。

2　内　　容

(1) 都道府県（以下第2章第2節において「県」という。）の様子について，学習の問題を追究・解決する活動を通して，次の事項を身に付けることができるよう指導する。

ア　次のような知識及び技能を身に付けること。

(ア)　自分たちの県の地理的環境の概要を理解すること。また，47都道府県の名称と位置を理解すること。

(イ)　地図帳や各種の資料で調べ，白地図などにまとめること。

イ　次のような思考力，判断力，表現力等を身に付けること。

(ア)　我が国における自分たちの県の位置，県全体の地形や主な産業の分布，交通網や主な都市の位置などに着目して，県の様子を捉え，地理的環境の特色を考え，表現すること。

(2) 人々の健康や生活環境を支える事業について，学習の問題を追究・解決する活動を通して，次の事項を身に付けることができるよう指導する。

ア　次のような知識及び技能を身に付けること。

(ア)　飲料水，電気，ガスを供給する事業は，安全で安定的に供給できるよう進められていることや，地域の人々の健康な生活の維持と向上に役立っていることを理解すること。

(イ)　廃棄物を処理する事業は，衛生的な処理や資源の有効利用ができるよう進められていることや，生活環境の維持と向上に役立っていることを理解すること。

(ウ)　見学・調査したり地図などの資料で調べたりして，まとめること。

イ　次のような思考力，判断力，表現力等を身に付けること。

(ア)　供給の仕組みや経路，県内外の人々の協力などに着目して，飲料水，電気，ガスの供給のための事業の様子を捉え，それらの事業が果たす役割を考え，表現すること。

(イ)　処理の仕組みや再利用，県内外の人々の協力などに着目して，廃棄物の処理のための事業の様子を捉え，その事業が果たす役割を考え，表現すること。

(3) 自然災害から人々を守る活動について，学習の問題を追究・解決する活動を通して，次の事項を身に付けることができるよう指導する。

ア　次のような知識及び技能を身に付けること。

(ア)　地域の関係機関や人々は，

自然災害に対し，様々な協力をして対処してきたことや，今後想定される災害に対し，様々な備えをしていることを理解すること。

　(イ)　聞き取り調査をしたり地図や年表などの資料で調べたりして，まとめること。

イ　次のような思考力，判断力，表現力等を身に付けること。

　(ア)　過去に発生した地域の自然災害，関係機関の協力などに着目して，災害から人々を守る活動を捉え，その働きを考え，表現すること。

(4)　県内の伝統や文化，先人の働きについて，学習の問題を追究・解決する活動を通して，次の事項を身に付けることができるよう指導する。

ア　次のような知識及び技能を身に付けること。

　(ア)　県内の文化財や年中行事は，地域の人々が受け継いできたことや，それらには地域の発展など人々の様々な願いが込められていることを理解すること。

　(イ)　地域の発展に尽くした先人は，様々な苦心や努力により当時の生活の向上に貢献したことを理解すること。

　(ウ)　見学・調査したり地図など

の資料で調べたりして，年表などにまとめること。

イ　次のような思考力，判断力，表現力等を身に付けること。

　(ア)　歴史的背景や現在に至る経過，保存や継承のための取組などに着目して，県内の文化財や年中行事の様子を捉え，人々の願いや努力を考え，表現すること。

　(イ)　当時の世の中の課題や人々の願いなどに着目して，地域の発展に尽くした先人の具体的事例を捉え，先人の働きを考え，表現すること。

(5)　県内の特色ある地域の様子について，学習の問題を追究・解決する活動を通して，次の事項を身に付けることができるよう指導する。

ア　次のような知識及び技能を身に付けること。

　(ア)　県内の特色ある地域では，人々が協力し，特色あるまちづくりや観光などの産業の発展に努めていることを理解すること。

　(イ)　地図帳や各種の資料で調べ，白地図などにまとめること。

イ　次のような思考力，判断力，表現力等を身に付けること。

　(ア)　特色ある地域の位置や自然環境，人々の活動や産業の歴史的背景，人々の協力関係な

166

どに着目して，地域の様子を
捉え，それらの特色を考え，
表現すること。
3 内容の取扱い
(1) 内容の(2)については，次のとお
り取り扱うものとする。
ア アの(ア)及び(イ)については，現
在に至るまでに仕組みが計画的
に改善され公衆衛生が向上して
きたことに触れること。
イ アの(ア)及びイの(ア)については，
飲料水，電気，ガスの中から選
択して取り上げること。
ウ アの(イ)及びイの(イ)については，
ごみ，下水のいずれかを選択し
て取り上げること。
エ イの(ア)については，節水や節
電など自分たちにできることを
考えたり選択・判断したりでき
るよう配慮すること。
オ イの(イ)については，社会生活
を営む上で大切な法やきまりに
ついて扱うとともに，ごみの減
量や水を汚さない工夫など，自
分たちにできることを考えたり
選択・判断したりできるよう配
慮すること。
(2) 内容の(3)については，次のとお
り取り扱うものとする。
ア アの(ア)については，地震災害，
津波災害，風水害，火山災害，
雪害などの中から，過去に県内
で発生したものを選択して取り

上げること。
イ アの(ア)及びイの(ア)の「関係機
関」については，県庁や市役所
の働きなどを中心に取り上げ，
防災情報の発信，避難体制の確
保などの働き，自衛隊など国の
機関との関わりを取り上げるこ
と。
ウ イの(ア)については，地域で起
こり得る災害を想定し，日頃か
ら必要な備えをするなど，自分
たちにできることなどを考えた
り選択・判断したりできるよう
配慮すること。
(3) 内容の(4)については，次のとお
り取り扱うものとする。
ア アの(ア)については，県内の主
な文化財や年中行事が大まかに
分かるようにするとともに，イ
の(ア)については，それらの中か
ら具体的事例を取り上げること。
イ アの(イ)及びイの(イ)については，
開発，教育，医療，文化，産業
などの地域の発展に尽くした先
人の中から選択して取り上げる
こと。
ウ イの(ア)については，地域の伝
統や文化の保存や継承に関わっ
て，自分たちにできることなど
を考えたり選択・判断したりで
きるよう配慮すること。
(4) 内容の(5)については，次のとお
り取り扱うものとする。

ア　県内の特色ある地域が大まか
に分かるようにするとともに，
伝統的な技術を生かした地場産
業が盛んな地域，国際交流に取
り組んでいる地域及び地域の資
源を保護・活用している地域を
取り上げること。その際，地域
の資源を保護・活用している地
域については，自然環境，伝統
的な文化のいずれかを選択して
取り上げること。
イ　国際交流に取り組んでいる地
域を取り上げる際には，我が国
や外国には国旗があることを理
解し，それを尊重する態度を養
うよう配慮すること。

〔第5学年〕
1　目　標
　社会的事象の見方・考え方を働か
せ，学習の問題を追究・解決する活
動を通して，次のとおり資質・能力
を育成することを目指す。
(1)　我が国の国土の地理的環境の特
色や産業の現状，社会の情報化と
産業の関わりについて，国民生活
との関連を踏まえて理解するとと
もに，地図帳や地球儀，統計など
の各種の基礎的資料を通して，情
報を適切に調べまとめる技能を身
に付けるようにする。
(2)　社会的事象の特色や相互の関連，
意味を多角的に考える力，社会に
見られる課題を把握して，その解

決に向けて社会への関わり方を選
択・判断する力，考えたことや選
択・判断したことを説明したり，
それらを基に議論したりする力を
養う。
(3)　社会的事象について，主体的に
学習の問題を解決しようとする態
度や，よりよい社会を考え学習し
たことを社会生活に生かそうとす
る態度を養うとともに，多角的な
思考や理解を通して，我が国の国
土に対する愛情，我が国の産業の
発展を願い我が国の将来を担う国
民としての自覚を養う。
2　内　容
(1)　我が国の国土の様子と国民生活
について，学習の問題を追究・解
決する活動を通して，次の事項を
身に付けることができるよう指導
する。
ア　次のような知識及び技能を身
に付けること。
(ｱ)　世界における我が国の国土
の位置，国土の構成，領土の
範囲などを大まかに理解する
こと。
(ｲ)　我が国の国土の地形や気候
の概要を理解するとともに，
人々は自然環境に適応して生
活していることを理解するこ
と。
(ｳ)　地図帳や地球儀，各種の資
料で調べ，まとめること。

イ　次のような思考力，判断力，
表現力等を身に付けること。

　(ア)　世界の大陸と主な海洋，主
　　な国の位置，海洋に囲まれ多
　　数の島からなる国土の構成な
　　どに着目して，我が国の国土
　　の様子を捉え，その特色を考
　　え，表現すること。

　(イ)　地形や気候などに着目して，
　　国土の自然などの様子や自然
　　条件から見て特色ある地域の
　　人々の生活を捉え，国土の自
　　然環境の特色やそれらと国民
　　生活との関連を考え，表現す
　　ること。

(2)　我が国の農業や水産業における
食料生産について，学習の問題を
追究・解決する活動を通して，次
の事項を身に付けることができる
よう指導する。

　ア　次のような知識及び技能を身
　　に付けること。

　　(ア)　我が国の食料生産は，自然
　　　条件を生かして営まれている
　　　ことや，国民の食料を確保す
　　　る重要な役割を果たしている
　　　ことを理解すること。

　　(イ)　食料生産に関わる人々は，
　　　生産性や品質を高めるよう努
　　　力したり輸送方法や販売方法
　　　を工夫したりして，良質な食
　　　料を消費地に届けるなど，食
　　　料生産を支えていることを理

解すること。

　(ウ)　地図帳や地球儀，各種の資
　　料で調べ，まとめること。

イ　次のような思考力，判断力，
表現力等を身に付けること。

　(ア)　生産物の種類や分布，生産
　　量の変化，輸入など外国との
　　関わりなどに着目して，食料
　　生産の概要を捉え，食料生産
　　が国民生活に果たす役割を考
　　え，表現すること。

　(イ)　生産の工程，人々の協力関
　　係，技術の向上，輸送，価格
　　や費用などに着目して，食料
　　生産に関わる人々の工夫や努
　　力を捉え，その働きを考え，
　　表現すること。

(3)　我が国の工業生産について，学
習の問題を追究・解決する活動を
通して，次の事項を身に付けるこ
とができるよう指導する。

　ア　次のような知識及び技能を身
　　に付けること。

　　(ア)　我が国では様々な工業生産
　　　が行われていることや，国土
　　　には工業の盛んな地域が広が
　　　っていること及び工業製品は
　　　国民生活の向上に重要な役割
　　　を果たしていることを理解す
　　　ること。

　　(イ)　工業生産に関わる人々は，
　　　消費者の需要や社会の変化に
　　　対応し，優れた製品を生産す

るよう様々な工夫や努力をして，工業生産を支えていることを理解すること。

(ウ)　貿易や運輸は，原材料の確保や製品の販売などにおいて，工業生産を支える重要な役割を果たしていることを理解すること。

(エ)　地図帳や地球儀，各種の資料で調べ，まとめること。

イ　次のような思考力，判断力，表現力等を身に付けること。

(ア)　工業の種類，工業の盛んな地域の分布，工業製品の改良などに着目して，工業生産の概要を捉え，工業生産が国民生活に果たす役割を考え，表現すること。

(イ)　製造の工程，工場相互の協力関係，優れた技術などに着目して，工業生産に関わる人々の工夫や努力を捉え，その働きを考え，表現すること。

(ウ)　交通網の広がり，外国との関わりなどに着目して，貿易や運輸の様子を捉え，それらの役割を考え，表現すること。

(4)　我が国の産業と情報との関わりについて，学習の問題を追究・解決する活動を通して，次の事項を身に付けることができるよう指導する。

ア　次のような知識及び技能を身に付けること。

(ア)　放送，新聞などの産業は，国民生活に大きな影響を及ぼしていることを理解すること。

(イ)　大量の情報や情報通信技術の活用は，様々な産業を発展させ，国民生活を向上させていることを理解すること。

(ウ)　聞き取り調査をしたり映像や新聞などの各種資料で調べたりして，まとめること。

イ　次のような思考力，判断力，表現力等を身に付けること。

(ア)　情報を集め発信するまでの工夫や努力などに着目して，放送，新聞などの産業の様子を捉え，それらの産業が国民生活に果たす役割を考え，表現すること。

(イ)　情報の種類，情報の活用の仕方などに着目して，産業における情報活用の現状を捉え，情報を生かして発展する産業が国民生活に果たす役割を考え，表現すること。

(5)　我が国の国土の自然環境と国民生活との関連について，学習の問題を追究・解決する活動を通して，次の事項を身に付けることができるよう指導する。

ア　次のような知識及び技能を身に付けること。

(ア)　自然災害は国土の自然条件

などと関連して発生している
ことや，自然災害から国土を
保全し国民生活を守るために
国や県などが様々な対策や事
業を進めていることを理解す
ること。

(イ) 森林は，その育成や保護に
従事している人々の様々な工
夫と努力により国土の保全な
ど重要な役割を果たしている
ことを理解すること。

(ウ) 関係機関や地域の人々の
様々な努力により公害の防止
や生活環境の改善が図られて
きたことを理解するとともに，
公害から国土の環境や国民の
健康な生活を守ることの大切
さを理解すること。

(エ) 地図帳や各種の資料で調べ，
まとめること。

イ 次のような思考力，判断力，
表現力等を身に付けること。

(ア) 災害の種類や発生の位置や
時期，防災対策などに着目し
て，国土の自然災害の状況を
捉え，自然条件との関連を考
え，表現すること。

(イ) 森林資源の分布や働きなど
に着目して，国土の環境を捉
え，森林資源が果たす役割を
考え，表現すること。

(ウ) 公害の発生時期や経過，
人々の協力や努力などに着目

して，公害防止の取組を捉え，
その働きを考え，表現するこ
と。

3 内容の取扱い

(1) 内容の(1)については，次のとお
り取り扱うものとする。

ア アの(ア)の「領土の範囲」につ
いては，竹島や北方領土，尖閣
諸島が我が国の固有の領土であ
ることに触れること。

イ アの(ウ)については，地図帳や
地球儀を用いて，方位，緯度や
経度などによる位置の表し方に
ついて取り扱うこと。

ウ イの(ア)の「主な国」について
は，名称についても扱うように
し，近隣の諸国を含めて取り上
げること。その際，我が国や諸
外国には国旗があることを理解
し，それを尊重する態度を養う
よう配慮すること。

エ イの(イ)の「自然条件から見て
特色ある地域」については，地
形条件や気候条件から見て特色
ある地域を取り上げること。

(2) 内容の(2)については，次のとおり
取り扱うものとする。

ア アの(イ)及びイの(イ)については，
食料生産の盛んな地域の具体的
事例を通して調べることとし，
稲作のほか，野菜，果物，畜産
物，水産物などの中から一つを
取り上げること。

イ　イの(ア)及び(イ)については，消
費者や生産者の立場などから多
角的に考えて，これからの農業
などの発展について，自分の考
えをまとめることができるよう
配慮すること。
(3)　内容の(3)については，次のとお
り取り扱うものとする。
ア　アの(イ)及びイの(イ)については，
工業の盛んな地域の具体的事例
を通して調べることとし，金属
工業，機械工業，化学工業，食
料品工業などの中から一つを取
り上げること。
イ　イの(ア)及び(イ)については，消
費者や生産者の立場などから多
角的に考えて，これからの工業
の発展について，自分の考えを
まとめることができるよう配慮
すること。
(4)　内容の(4)については，次のとお
り取り扱うものとする。
ア　アの(ア)の「放送，新聞などの
産業」については，それらの中
から選択して取り上げること。
その際，情報を有効に活用する
ことについて，情報の送り手と
受け手の立場から多角的に考え，
受け手として正しく判断するこ
とや送り手として責任をもつこ
とが大切であることに気付くよ
うにすること。
イ　アの(イ)及びイの(イ)については，

情報や情報技術を活用して発展
している販売，運輸，観光，医
療，福祉などに関わる産業の中
から選択して取り上げること。
その際，産業と国民の立場から
多角的に考えて，情報化の進展
に伴う産業の発展や国民生活の
向上について，自分の考えをま
とめることができるよう配慮す
ること。
(5)　内容の(5)については，次のとお
り取り扱うものとする。
ア　アの(ア)については，地震災害，
津波災害，風水害，火山災害，
雪害などを取り上げること。
イ　アの(ウ)及びイの(ウ)については，
大気の汚染，水質の汚濁などの
中から具体的事例を選択して取
り上げること。
ウ　イの(イ)及び(ウ)については，国
土の環境保全について，自分た
ちにできることなどを考えたり
選択・判断したりできるよう配
慮すること。
〔第6学年〕
1　目　標
社会的事象の見方・考え方を働か
せ，学習の問題を追究・解決する活
動を通して，次のとおり資質・能力
を育成することを目指す。
(1)　我が国の政治の考え方と仕組み
や働き，国家及び社会の発展に大
きな働きをした先人の業績や優れ

た文化遺産，我が国と関係の深い国の生活やグローバル化する国際社会における我が国の役割について理解するとともに，地図帳や地球儀，統計や年表などの各種の基礎的資料を通して，情報を適切に調べまとめる技能を身に付けるようにする。

(2) 社会的事象の特色や相互の関連，意味を多角的に考える力，社会に見られる課題を把握して，その解決に向けて社会への関わり方を選択・判断する力，考えたことや選択・判断したことを説明したり，それらを基に議論したりする力を養う。

(3) 社会的事象について，主体的に学習の問題を解決しようとする態度や，よりよい社会を考え学習したことを社会生活に生かそうとする態度を養うとともに，多角的な思考や理解を通して，我が国の歴史や伝統を大切にして国を愛する心情，我が国の将来を担う国民としての自覚や平和を願う日本人として世界の国々の人々と共に生きることの大切さについての自覚を養う。

2 内 容

(1) 我が国の政治の働きについて，学習の問題を追究・解決する活動を通して，次の事項を身に付けることができるよう指導する。

ア 次のような知識及び技能を身に付けること。

(ｱ) 日本国憲法は国家の理想，天皇の地位，国民としての権利及び義務など国家や国民生活の基本を定めていることや，現在の我が国の民主政治は日本国憲法の基本的な考え方に基づいていることを理解するとともに，立法，行政，司法の三権がそれぞれの役割を果たしていることを理解すること。

(ｲ) 国や地方公共団体の政治は，国民主権の考え方の下，国民生活の安定と向上を図る大切な働きをしていることを理解すること。

(ｳ) 見学・調査したり各種の資料で調べたりして，まとめること。

イ 次のような思考力，判断力，表現力等を身に付けること。

(ｱ) 日本国憲法の基本的な考え方に着目して，我が国の民主政治を捉え，日本国憲法が国民生活に果たす役割や，国会，内閣，裁判所と国民との関わりを考え，表現すること。

(ｲ) 政策の内容や計画から実施までの過程，法令や予算との関わりなどに着目して，国や地方公共団体の政治の取組を

捉え，国民生活における政治の働きを考え，表現すること。

(2)　我が国の歴史上の主な事象について，学習の問題を追究・解決する活動を通して，次の事項を身に付けることができるよう指導する。

ア　次のような知識及び技能を身に付けること。その際，我が国の歴史上の主な事象を手掛かりに，大まかな歴史を理解するとともに，関連する先人の業績，優れた文化遺産を理解すること。

(ア)　狩猟・採集や農耕の生活，古墳，大和朝廷（大和政権）による統一の様子を手掛かりに，むらからくにへと変化したことを理解すること。その際，神話・伝承を手掛かりに，国の形成に関する考え方などに関心をもつこと。

(イ)　大陸文化の摂取，大化の改新，大仏造営の様子を手掛かりに，天皇を中心とした政治が確立されたことを理解すること。

(ウ)　貴族の生活や文化を手掛かりに，日本風の文化が生まれたことを理解すること。

(エ)　源平の戦い，鎌倉幕府の始まり，元との戦いを手掛かりに，武士による政治が始まったことを理解すること。

(オ)　京都の室町に幕府が置かれた頃の代表的な建造物や絵画を手掛かりに，今日の生活文化につながる室町文化が生まれたことを理解すること。

(カ)　キリスト教の伝来，織田（おだ）・豊臣（とよとみ）の天下統一を手掛かりに，戦国の世が統一されたことを理解すること。

(キ)　江戸幕府の始まり，参勤交代や鎖国などの幕府の政策，身分制を手掛かりに，武士による政治が安定したことを理解すること。

(ク)　歌舞伎や浮世絵，国学や蘭（らん）学を手掛かりに，町人の文化が栄え新しい学問がおこったことを理解すること。

(ケ)　黒船の来航，廃藩置県や四民平等などの改革，文明開化などを手掛かりに，我が国が明治維新を機に欧米の文化を取り入れつつ近代化を進めたことを理解すること。

(コ)　大日本帝国憲法の発布，日（にっ）清（しん）・日露の戦争，条約改正，科学の発展などを手掛かりに，我が国の国力が充実し国際的地位が向上したことを理解すること。

(サ)　日中戦争や我が国に関わる第二次世界大戦，日本国憲法の制定，オリンピック・パラリンピックの開催などを手掛

174

かりに，戦後我が国は民主的な国家として出発し，国民生活が向上し，国際社会の中で重要な役割を果たしてきたことを理解すること。

(シ) 遺跡や文化財，地図や年表などの資料で調べ，まとめること。

イ 次のような思考力，判断力，表現力等を身に付けること。

(ア) 世の中の様子，人物の働きや代表的な文化遺産などに着目して，我が国の歴史上の主な事象を捉え，我が国の歴史の展開を考えるとともに，歴史を学ぶ意味を考え，表現すること。

(3) グローバル化する世界と日本の役割について，学習の問題を追究・解決する活動を通して，次の事項を身に付けることができるよう指導する。

ア 次のような知識及び技能を身に付けること。

(ア) 我が国と経済や文化などの面でつながりが深い国の人々の生活は，多様であることを理解するとともに，スポーツや文化などを通して他国と交流し，異なる文化や習慣を尊重し合うことが大切であることを理解すること。

(イ) 我が国は，平和な世界の実現のために国際連合の一員として重要な役割を果たしたり，諸外国の発展のために援助や協力を行ったりしていることを理解すること。

(ウ) 地図帳や地球儀，各種の資料で調べ，まとめること。

イ 次のような思考力，判断力，表現力等を身に付けること。

(ア) 外国の人々の生活の様子などに着目して，日本の文化や習慣との違いを捉え，国際交流の果たす役割を考え，表現すること。

(イ) 地球規模で発生している課題の解決に向けた連携・協力などに着目して，国際連合の働きや我が国の国際協力の様子を捉え，国際社会において我が国が果たしている役割を考え，表現すること。

3 内容の取扱い

(1) 内容の(1)については，次のとおり取り扱うものとする。

ア アの(ア)については，国会などの議会政治や選挙の意味，国会と内閣と裁判所の三権相互の関連，裁判員制度や租税の役割などについて扱うこと。その際，イの(ア)に関わって，国民としての政治への関わり方について多角的に考えて，自分の考えをまとめることができるよう配慮す

　　　ること。
　イ　アの(ア)の「天皇の地位」につ
　　いては，日本国憲法に定める天
　　皇の国事に関する行為など児童
　　に理解しやすい事項を取り上げ，
　　歴史に関する学習との関連も図
　　りながら，天皇についての理解
　　と敬愛の念を深めるようにする
　　こと。また，「国民としての権
　　利及び義務」については，参政
　　権，納税の義務などを取り上げ
　　ること。
　ウ　アの(イ)の「国や地方公共団体
　　の政治」については，社会保障，
　　自然災害からの復旧や復興，地
　　域の開発や活性化などの取組の
　　中から選択して取り上げること。
　エ　イの(ア)の「国会」について，
　　国民との関わりを指導する際に
　　は，各々の国民の祝日に関心を
　　もち，我が国の社会や文化にお
　　ける意義を考えることができる
　　よう配慮すること。
(2)　内容の(2)については，次のとお
　り取り扱うものとする。
　ア　アの(ア)から(サ)までについては，
　　児童の興味・関心を重視し，取
　　り上げる人物や文化遺産の重点
　　の置き方に工夫を加えるなど，
　　精選して具体的に理解できるよ
　　うにすること。その際，アの(サ)
　　の指導に当たっては，児童の発
　　達の段階を考慮すること。

　イ　アの(ア)から(サ)までについては，
　　例えば，国宝，重要文化財に指
　　定されているものや，世界文化
　　遺産に登録されているものなど
　　を取り上げ，我が国の代表的な
　　文化遺産を通して学習できるよ
　　うに配慮すること。
　ウ　アの(ア)から(コ)までについては，
　　例えば，次に掲げる人物を取り
　　上げ，人物の働きを通して学習
　　できるよう指導すること。
　　　卑弥呼，聖徳太子，小野妹子，
　　中大兄皇子，中臣鎌足，聖武
　　天皇，行基，鑑真，藤原道長，
　　紫式部，清少納言，平清盛，
　　源頼朝，源義経，北条時
　　宗，足利義満，足利義政，雪舟，
　　ザビエル，織田信長，豊臣秀吉，
　　徳川家康，徳川家光，近松門左
　　衛門，歌川広重，本居宣長，杉
　　田玄白，伊能忠敬，ペリー，勝
　　海舟，西郷隆盛，大久保利通，
　　木戸孝允，明治天皇，福沢諭吉，
　　大隈重信，板垣退助，伊藤博文，
　　陸奥宗光，東郷平八郎，小村寿
　　太郎，野口英世
　エ　アの(ア)の「神話・伝承」につ
　　いては，古事記，日本書紀，風
　　土記などの中から適切なものを
　　取り上げること。
　オ　アの(イ)から(サ)までについては，
　　当時の世界との関わりにも目を
　　向け，我が国の歴史を広い視野

から捉えられるよう配慮すること。

カ　アの(シ)については，年表や絵画など資料の特性に留意した読み取り方についても指導すること。

キ　イの(ア)については，歴史学習全体を通して，我が国は長い歴史をもち伝統や文化を育んできたこと，我が国の歴史は政治の中心地や世の中の様子などによって幾つかの時期に分けられることに気付くようにするとともに，現在の自分たちの生活と過去の出来事との関わりを考えたり，過去の出来事を基に現在及び将来の発展を考えたりするなど，歴史を学ぶ意味を考えるようにすること。

(3) 内容の(3)については，次のとおり取り扱うものとする。

ア　アについては，我が国の国旗と国歌の意義を理解し，これを尊重する態度を養うとともに，諸外国の国旗と国歌も同様に尊重する態度を養うよう配慮すること。

イ　アの(ア)については，我が国とつながりが深い国から数か国を取り上げること。その際，児童が1か国を選択して調べるよう配慮すること。

ウ　アの(ア)については，我が国や

諸外国の伝統や文化を尊重しようとする態度を養うよう配慮すること。

エ　イについては，世界の人々と共に生きていくために大切なことや，今後，我が国が国際社会において果たすべき役割などを多角的に考えたり選択・判断したりできるよう配慮すること。

オ　イの(イ)については，網羅的，抽象的な扱いを避けるため，「国際連合の働き」については，ユニセフやユネスコの身近な活動を取り上げること。また，「我が国の国際協力の様子」については，教育，医療，農業などの分野で世界に貢献している事例の中から選択して取り上げること。

第3　指導計画の作成と内容の取扱い

1　指導計画の作成に当たっては，次の事項に配慮するものとする。

(1) 単元など内容や時間のまとまりを見通して，その中で育む資質・能力の育成に向けて，児童の主体的・対話的で深い学びの実現を図るようにすること。その際，問題解決への見通しをもつこと，社会的事象の見方・考え方を働かせ，事象の特色や意味などを考え概念などに関する知識を獲得すること，学習の過程や成果を振り返り学んだことを活用することなど，学習

の問題を追究・解決する活動の充実を図ること。

(2)　各学年の目標や内容を踏まえて，事例の取り上げ方を工夫して，内容の配列や授業時数の配分などに留意して効果的な年間指導計画を作成すること。

(3)　我が国の47都道府県の名称と位置，世界の大陸と主な海洋の名称と位置については，学習内容と関連付けながら，その都度，地図帳や地球儀などを使って確認するなどして，小学校卒業までに身に付け活用できるように工夫して指導すること。

(4)　障害のある児童などについては，学習活動を行う場合に生じる困難さに応じた指導内容や指導方法の工夫を計画的，組織的に行うこと。

(5)　第1章総則の第1の2の(2)に示す道徳教育の目標に基づき，道徳科などとの関連を考慮しながら，第3章特別の教科道徳の第2に示す内容について，社会科の特質に応じて適切な指導をすること。

2　第2の内容の取扱いについては，次の事項に配慮するものとする。

(1)　各学校においては，地域の実態を生かし，児童が興味・関心をもって学習に取り組めるようにするとともに，観察や見学，聞き取りなどの調査活動を含む具体的な体験を伴う学習やそれに基づく表現活動の一層の充実を図ること。また，社会的事象の特色や意味，社会に見られる課題などについて，多角的に考えたことや選択・判断したことを論理的に説明したり，立場や根拠を明確にして議論したりするなど言語活動に関わる学習を一層重視すること。

(2)　学校図書館や公共図書館，コンピュータなどを活用して，情報の収集やまとめなどを行うようにすること。また，全ての学年において，地図帳を活用すること。

(3)　博物館や資料館などの施設の活用を図るとともに，身近な地域及び国土の遺跡や文化財などについての調査活動を取り入れるようにすること。また，内容に関わる専門家や関係者，関係の諸機関との連携を図るようにすること。

(4)　児童の発達の段階を考慮し，社会的事象については，児童の考えが深まるよう様々な見解を提示するよう配慮し，多様な見解のある事柄，未確定な事柄を取り上げる場合には，有益適切な教材に基づいて指導するとともに，特定の事柄を強調し過ぎたり，一面的な見解を十分な配慮なく取り上げたりするなどの偏った取扱いにより，児童が多角的に考えたり，事実を客観的に捉え，公正に判断したりすることを妨げることのないよう

留意すること。

索　引

執筆者紹介
(氏名・生年・所属・主な著作 (一編))

中平一義 (1974年). 上越教育大学. 情報社会の現代的課題に対する NIE の有用性に関する研究. 日本 NIE 学会誌, 13, pp. 11-20, 2018.

茨木智志 (1961年). 上越教育大学.「世界史」教科書の出発. 長谷川修一・小澤実編著『歴史学者と読む高校世界史』勁草書房, pp. 153-178, 2018.

志村　喬 (1961年). 上越教育大学. 被災地での復興に社会科教育は何を担うのか. 社会科教育研究, 128, pp. 42-53, 2016.

桐生貴博 (1984年). 野田市立清水台小学校. 高校生の都道府県に対するイメージの一考察. 上越社会研究, 24, pp. 21-30, 2009.

小林毅夫 (1942年). 元上越市教育委員会教育長. 上越市立大手町小学校著『雪の町から　こんにちは』日本教育新聞社, 1987 (編集主任).

小林朋広 (1966年). 上越市立美守小学校. 社会科学習導入期で, 社会的な見方・考え方を育成し, 社会参画につなげる指導の工夫. 教育実践研究, 23, pp. 67-72, 2013.

廣岡英明 (1964年). 高崎市立城山小学校. 小学校社会科における絵地図指導改善の研究. 上越社会研究, 22, pp. 91-100, 2007.

大﨑賢一 (1973年). 前橋市立山王小学校. 野外調査を取り入れた小学校市町村学習のカリキュラム開発に関する研究. 上越教育大学修士論文, 2015.

宮下祐治 (1977年). 柏崎市立半田小学校. ESD 構成概念を取り入れた小学校社会科の授業開発. 上越教育大学修士論文, 2018.

近藤克彦（1979年）．妙高市立新井小学校．主体的に追求し，社会的事象の意味を実感としてとらえさせる指導過程の工夫．社会科研究紀要，49，pp. 50-55，2015.

栗田明典（1981年）．南魚沼市立六日町小学校．小学校社会科における世界地誌的学習の在り方．新地理，66⑴，pp. 1-19，2018.

坂森弘明（1974年）．長岡市立日吉小学校．地域の工場見学を生かした一実践．上越教育大学社会科教育学研究室編『新潟県上越地方における社会科教育実践の臨床的課題の探究』上越教育大学，pp. 29-32，2016.

五十嵐徳也（1984年）．上越市立東本町小学校．小学校社会科入門期における，地域学習を支援するための手立て．教育実践研究，22，pp. 87-92，2012.

南雲民人（1974年）．上越市立大潟町小学校．地図を読む楽しさを味わい，地図の見方をひろげる．上越教育大学社会科教育学研究室編『新潟県上越地方における社会科教育実践の臨床的課題の探究』上越教育大学，pp. 37-40，2016.

初等社会科教育研究

2019年3月31日　初版第1刷発行
2021年4月15日　初版第2刷発行

編著者　　中　平　一　義
　　　　　　茨　木　智　志
　　　　　　志　村　　　喬

発行者　　風　間　敬　子

発行所　　株式会社風間書房

〒101-0051　東京都千代田区神田神保町 1-34
電話 03(3291)5729　FAX 03(3291)5757
振替 00110-5-1853

印刷　太平印刷社　　製本　井上製本所

©2019　K. Nakadaira S. Ibaraki T. Shimura　　NDC 分類：375
ISBN978-4-7599-2280-6　　Printed in Japan